新・ウエディングプランナーという仕事

離婚を抑制する〝社会装置〟の担い手が日本の豊かな未来をつくる

婚礼事業はソーシャルビジネス

ドウジョウ・ホスピタリティー・コミュニケーションズ 代表
堂《どう》上《じょう》昌《まさ》幸《ゆき》

オータパブリケイションズ

はじめに
結婚式は「社会装置」との認識が必要

本書はこれからウエディング業界に就職を希望する新卒学生と、他業界からこの業界に転職を企図するビジネスパーソンを対象にしている。また、サブコンセプトとしては、これからウエディング業界に新規参入を図る企業の資料として、あるいはメディア関連企業における事前の撮影・取材の参考資料という側面も意識して構成した点が特色だろう。

ネット・リアルを問わず、現在では婚礼関連の書物は数多く出版されている。またウエディング業界への就活ガイドブックなどもある。それらの書物やウェブコンテンツと本書の違いは、端的にいえば、婚礼・婚活業界でさまざまな企業や個人を１９８４年より取材し、表も裏も知り尽くし、数年前には結婚式場の現場に入って集客戦略担当まで務めた経歴を有する堂上が、その32年間に知りえた情報やノウハウをあますところなく記している点である。さすがに「料理記者歴40年」の故・岸朝子さんにはかなわないが、現在でも月に1～2件は大手メディアからコメント取材をいただいている筆者が、ありのままのウエディング業界の現在の姿形を伝えていることも、いわゆる業界本としては異例だと自負している。

もともと本書は２００２年に発売された『ウエディング・プランナーという仕事』の続編というスタンスである。ただし、この15年間のユーザーおよび業界の変化はすさまじく、現在と近未来に対応する資料本を制作するにあたっては、元の書とはかなり立場を異にせざるを得なかった。02年版では、まだ一般的ではなかったウエディングプランナーという存在について、とにかく素晴らしい職業であり、新郎新婦の門出をコーディネートする重要な役割を担っているということを広く知ってもらうことを中心に紹介した。

ところが15年経ったいまでは、もう「ウエディングプランナー」という仕事の名称は知れ渡っている。もちろん新郎新婦のライフステージにおける重要な節目を、思い出に残る記念日とするための重要な仕事であることに変わりはないが、当時はインターネットもまだ発展途上、ウエディングにおいても結婚式に価値を見出さない〝なし婚層〟という言葉もなかった。その他さまざまな状況が激変した中、本書はそれでもウエディングプランナー、あるいはウエディングに関わる仕事のすべては、とても社会的に重要なポジションにあるとのスタンスで執筆に臨んでいる。

その理由はまず、「結婚式は社会装置」であるという点だ。

人口減少社会となった近年、国や自治体は、婚活に力を入れ始めた。そのこと自体、遅きに失したとはいえ、悪いことではない。しかし、婚活注力だけが人口増の必要十分条件か？　と問われれば、私の答えは「ＮＯ」だ。なぜならば、婚活は男女を巡り会わせるだけであり、その後、離婚しようがシングルマザーになろうが、管轄外になる。東西ドイツ統合前の西ドイツでは、人口減少に対する未来戦略で研究機関を設け、アルトマンという民間企業と組んでマッチングに国家事業として力を入れた。その日本フランチャイズ企業であるアルトマンジャパンに勤務していたのが筆者である。会員誌編集部にいたが、当時のアドバイザーに言わせると、「出会いはわれわれ婚活企業が担い、夫婦間を固めるのは結婚式」。婚活注力だけでは不十分という認識を得たのがその時代だった。

社会装置としての結婚式は、ウエディングプランナーという存在を媒介とし、新郎新婦をより強固に結びつけるだけでなく、両家の親を結び付け、互いの親友や仲間たちにも同じ空間における感動体験の共有という機会を提供する。すべては「結婚式後の二人を支える人々をつくるため」である。それを業界では「ゲスト満足」と呼び、いまでは「新郎新婦満足」と「ゲスト満足」の二つを叶えるのが必須となっている。いや、むしろ「ゲスト満足」に比重を移しているのが現代のウエディングである。

結婚後も両親やゲストたちが二人を支えることで、なんとか離婚防止に努める結果となる。これは婚礼メディアが調査公表している各種データでも明らかで、科学的なエビデンスのある事実なのである。このことを国や自治体、メディアはご存じない。つまり、シングルマザーの抑制に寄与しているのが、いまのウエディング業界であり、ウエディングプランナーはその主導的な役割を果たしているのである。

そのことからウエディングプランナーは　おそらく30～50年後には、足腰の悪い高齢者を目的地にまで運んでくれる地方コミュニティーバスの運行責任者くらいのソーシャルな職業として認識される存在になっていることだろう。

「夢」を「リアル」にランディングさせるには？

逆にいえば、ウエディングプランナーをめざす本書の読者には、そうしたソーシャルな存在になることを意識してほしい。確かにいまは企業に所属して、新卒であれば学んで顧客満足を達成できる人材になることが、まずは大切なこと。しかし、そのあとに「もう3年この仕事をして十分この仕事の喜びもつらさも理解した」と辞めることなく、「まだまだ自分の活躍の場はある」と思ってほしいのだ。

憧れだけでウエディングプランナーをめざす新卒者は多い。もちろん、「新郎新婦のために、自分はいくらでも働ける」という人を業界は望んでいるのだが、それだけでは必要条件だけで、十分条件ではない。変化の多い時代なので、プランナーとして採用しても、のちのち会社で展開する別の飲食事業等でも立派にやりがいをもって働ける人なのかどうか？　そうしたユーティリティー性も加味しながら採用選考をするのが、最近の大手ウエディング企業だ。

企業側からすれば、新卒で入社して3年で辞められてしまっては、募集広告費、採用選考にかける労力や育成費用、新人の間は実質、企業業績に寄与しないことなども含めて勘定に合わないのである。だから憧れだけの人は採用選考においても厳しいだろう。

その点、「転職でもいい、いずれプランナーになる」という強い意思を持つ人は、だいたいその思いを叶えているのが実情だ。特にフライトアテンダントや宝飾店、アパレル、銀行やホテルなどの勤務先は、隠れた黄金ルートである。新卒で叶わなくても、捲土重来を果たすこともあると思っていただきたい。

また「ウエディングプランナーしかやりたくない」という方も多いだろうが、それはこの仕事の本質を見誤っているとしか言いようがない。新郎新婦の人生の大切なイベントを一緒につくり上げていくには、さまざまな知識と経験が必要だからだ。晩婚化で新婦が都市部ではアラサー世代となっていることや、おめでた婚が増えていることもあり、「むしろ結婚・出産を経て職場復帰してきた人こそ望ましい」と、最近のウエディング企業は考えるようになっている。

自分の憧れの職業であるウエディングプランナーになるという夢を、現実に落とし込むためには新卒ストレートだけでなく、回り道にもチャンスがあるとわきまえて就活に臨んでほしいものだ。

新・ウエディングプランナーという仕事
CONTENTS

第2章　ウエディングはどんな人たちで作られているのか？

第5章　新規営業と打ち合わせ接客のテクニック

第6章　中級者への道・集客戦略

第一章

ウエディング業界の現在と近未来

ウエディングプランナーとはどんな職業か？

ウエディングプランナー（Wedding Planner）とは、シンプルに表現するならば、結婚式をプランニングし、クリエイト・コーディネートし、プロデュースする人の総称である。

まずはプランニング。ユーザーの希望をヒアリングし、潜在的なニーズまで拾い上げて、その二人ならではのプランを提案する。これがウエディングプランナーという職業の本質である。次にクリエイティブディレクターのような要素もあわせ持っている。その時々の先端ファッションや流行アイテムなどのトレンドをとらえた、センスの良い、イケてる空間コーディネートを行い、披露パーティ会場をアットホームにも非日常でエクスクルーシブな場にも変えることで、ユーザーに特別な満足感を提供することもプランナーの仕事だ。

さらに、ウエディングにはさまざまな役割を担うスタッフが関わっている。それらのスタッフ間をユーザーの希望をもとに調整し、当日までにそのユーザーならではの特別なパーティ空間をつくり上げるプロデュース。

以上が狭義のプランナーという仕事の定義だが、そこにはさらにさまざまな必須要素も加わってくる。例えばプランナーは接客営業職でもあるため、まずはユーザーや結婚式のゲストたちに好まれる存在でなければならない。〝メラビアンの3秒法則〟は、人の第一印象は3～5秒でほぼ決定されるものであり、この第一印象をいかに良くして、その後の営業提案につなげるか？　をすべての接客業種では重んじている。ましてやウエディングは1組あたり2～300万円の売上があるビジネスなので、指輪を扱う宝飾店の販売スタッフや車のディーラーに営業面で負けていては到底務まらない職業なのだ。

広義という視点でプランナーに必要な、あるいは身につけていた方がベターなスキルや資格については、のちの章でも紹介するが、プランナーが営業接客業種であることはまず押さえておいてほしいポイントである。

現実問題として、プランナーの名称や仕事内容は、企業によって大きな違いがある。実はウエディングプランナーという名称は、所属する企業や団体によっても異なり、「ブライダルコーディネーター」や「ウエディングマーケティングスタッフ」などさまざまな名称が用いられている。

では、プランナーの具体的な仕事はどのようなものなのだろうか？

初めて来館したユーザーと接客するのが新規接客担当のプランナーだが、彼らは自社での結婚式をセールスするまさに接客営業職。メラビアンの法則など、接客業に必要なスキルを身につけたうえ、さらに目の前のユーザーが「この人にお願いしたい」と思わせるような夢のあるプランニング提案を行う。その後に幸い、気に入ってもらい、会場に申し込み、契約が済むと、その挙式・披露パーティの内容を相談しながら整えていくのが打ち合わせ担当のプランナーである。

また、新規の営業接客と打ち合わせを一人のプランナーが担当する企業もある。これは俗に〝一貫制〟、〝担当制〟などと業界では呼ばれているが、以上のようにプランナーといっても、新規セールス担当、打ち合わせコーディネート担当、そしてその両方とも兼任する人、以上三つのタイプが存在するのだ。このあたりの詳細は第二章でも詳しく紹介する。

プランナーになるには？

ウエディングプランナーに憧れる若い女性はいまだに多い。では、どのようにすればなれるのか？

一般的にはブライダル科を有する専門学校に入学し、2年間の教育を受けたのちに希望する企業に入社するケースだろう。もちろん普通の四年制大学を卒業し、そのまま新卒で婚礼企業に入社するケースもある。そのほかに、一般企業にまず就職し、転職してプランナーとなった方も大勢いる。あるいはフラワー専門学校を出て花屋に勤めたあとに転職した方や、ホテルや結婚式場と提携する配膳会（アウトソーシングの料飲サービススタッフ派遣業）に就職したのち、転職してプランナーとなった方なども。王道は新卒で専門学校や四年制大学からというルートではあるが、転職もけっこうあるということは覚えておいて損はないだろう。

　プランナーは、かつては女子就活ランキングでも上位にくるほどの人気職業だったが、現在では、婚礼人口の減少や一生に一度か二度という責任の重い仕事からくる重労働などが若い人に忌避され、ランキングも下降気味だ。しかし婚礼企業側もユーザー人口が減ったその分、スタッフの採用枠を絞っているため、人気を集める企業は相変わらず狭き門であることに変わりはない。

　給料の話も大切だ。サービス業は他の産業に比べて安い傾向にあるのだが、プランナーもサービス接客業に属するため、学校の同期生よりも低い初任給であることは覚悟しておいていただきたい。それでも、先述したようにさまざまな高いスキルが必要な職種であり、人の一生の記念に残るライフイベントを自身の手でつくりだす快感や喜びは、他の仕事ではなかなか得られないものだ。現在、ウエディング業界では本気で長く勤める社員を求める傾向にあるので、一生の仕事と思い決めたのならば、ぜひチャレンジしていただきたいものだ。

現在の婚礼マーケットはどうなっている？

わが国の婚礼産業の嚆矢（こうし）は、幕末・明治時代の写真撮影家に始まり、それがやがてお見合い写真の撮影で利用されたことに由来すると考えられる。当時は着物文化であったが、適齢期とされた18歳～20代前半の女性はいつもの普段着ではなく、晴れの日にふさわしい特別な衣裳を着て撮影に臨んだ。一般庶民はそんな衣裳を持っていないため、写真館と提携した貸し衣裳屋から借りて臨んでいたのである。

もちろん、婚礼においても撮影家（カメラマン）を自宅に呼んで、夫婦の肖像を残す。こうした事業から婚礼産業が興っていったのだ。近年では挙式・披露パーティーを行わず、二人の記念写真だけ残すフォトウエディングのスタイルを採る新郎新婦も増えているが、産業の発祥がもともとそうだったわけだ。

本書は２０２０年まで読まれる内容をめざしているが、現在のマーケット状況を紹介する上では、いま公表されているデータをもとにするしかない。本書発刊後に順次発表されるこれらのデータは読者の皆様がインターネット等で検索し、更新していただければ幸いだ。

本書執筆時点の２０１６年（平成28年）12月に発表された『人口動態統計（推計値）』によると、

2016年の婚姻組数は62万1000件で、前年より1万4000件減少した。

婚姻件数は1987年（昭和62年）の69万6173組以降、再び70万組台に復帰し、その後は2010年の70万214組と70万組台で推移してきたが、翌11年から60万組台へとなり、現在に至っている。では、今後はどのような推移となるか？　だが、年次出生数をベースにした上場企業のIR（インベスターズ・リレーション）資料などから、20年は58〜59万組台、25年は56〜57万組台という具合に漸減していくと予想されている。〝漸減〟＝ゆるやかに減っていく、であるから、しばらくは前年対比で3万組以上が一気に減ることは考えにくい。そんな状況だ。

次にハネムーン（旅行）、新居（分譲住宅等）、新生活など関連業種も含めたウエディング業界全般の市場規模は、約2兆3000〜2兆6000億円とされ、そのうち、ホテル、専門式場、ゲストハウスなどの結婚式場業の売上が1兆〜1兆5000億円と6〜7割以上を占めている。

一方、ユーザー動向では晩婚化の問題が挙げられる。初婚の妻の年齢（各歳）別婚姻件数の構成割合を10年ごとにみると、ピーク時の年齢が上昇するとともに、その年齢が占める割合は低下し、高い年齢の割合＝大人婚層が増加し

平均初婚年齢の年次推移

年	夫（歳）	妻（歳）
1993年	28.4	26.1
1998年	28.6	26.7
2008年	30.2	28.5
2012年	30.8	29.2
2013年	30.9	29.3
2014年	31.1	29.4

厚生労働省「人口動態統計」より

ている。14年の平均初婚年齢は、夫31・1歳、妻29・4歳で、夫は1993年より2・7歳、妻は同年より3・3歳上昇している。晩婚化は少子化と密接に関係するイシューだが、女性が輝く社会を実現するためにも、出産前に必要なキャリアを取得する必要があり、今後も晩婚化は進んでいくことだろう。

晩婚化以上に問題なのは、結婚しない、あるいはできない層の増加である。内閣府が実施した2014年度の意識調査では、未婚で恋人がいない20～30歳代の男女に恋人が欲しいか尋ねると「欲しくない」が全体の37・6％を占めた。交際する上での不安を複数回答で聞くと「そもそも出会いの場所がない」が55・5％で最も高くなっている。また国立社会保障・人口問題研究所によると、生涯未婚率（50歳時点で一度も結婚したことがない人の比率）は、10年調査時点で男性が20・1％、女性が10・6％だった。男性の5人に1人、女性の10人に1人が一生結婚しない確率が高いというわけだが、近年、男女とも右肩上がりに上昇曲線を描いており、先行きが不安視されている。

ウエディング業界のお客様は、基本的には結婚した人をメインターゲットとしている。その母数が年次で減少を続け、さらに「ふさわしい相手に出会えない」こともあって、結婚自体ができない人たちが増えているのは、実にゆゆしき問題だ。近年、ウエディング業界でも「プロポーズ支援事業」に注力しているのには、こんな背景がある。また16年には大手婚活企業である（株）ＩＢＪが、式場送客デスク「ウェディングｎａｖｉ」の運営や、婚礼媒体を発行する（株）ウインドアンドサンをM&Aにより傘下に収めたが、こうした婚活企業とウエディング関連企業が結びつき、連動性を発揮することで、婚礼業界にも良い影響が表われると期待したい。

ここまでウエディング業界を取り巻く厳しい状況を紹介してきた。しかし、そんななかでも毎年のように売上を伸ばし、規模拡大を続けている売上上位の企業群もある。少子化は消費者減少や労働力不足など、全産業に関わる課題であり、ウエディング業界だけが苦労を強いられているわけではない。要は企業努力と工夫であるといえるだろう。本誌の読者で、就活中の方がいらっしゃれば、そうした努力を続けている企業を選んでいただきたいと切に願っている。

業界構造と会場別シェアについて

ひと口に「ウエディング業界」とはいっても、その構造は複合的なものとなっている。そのなかでも中心を担うのが結婚式場業を主業とする企業群である。結婚式場業を行う企業は、ウエディングという商品を提供する場として会場・施設を持つ。これが一般式場やホテル、ゲストハウスタイプの会場であり、レストランもこの範疇に入る。

式場業を行う企業と提携関係を結び、衣裳・フラワーなどのウエディングアイテムや写真・映像・司会者派遣等のサービスを行う企業群を「パートナー企業」と呼ぶ。衣裳会社の中でも比較的に規模の大きい企業は、自前で会場を持つケースもある。また内製化を進めるゲストハウス企業では、これらのパートナー業種を傘下に収めているケースも多い。

次に、会場別ではどのタイプがシェアを伸ばしているか？　だが、一般式場（専門式場とも呼ぶ）が40％、ホテルが26％、ゲストハウスが19％という具合になっており、おおむね8割以上がこの3タイプから選ばれているようだ（P27「2016披露宴・披露パーティーの実施会場（全国）」を参照）。

一般式場は宿泊機能こそないが、レストランやバーラウンジなどの料飲部門を持ち、なおかつ宴会部門を有する。結婚式だけでなく、一般宴会や各種イベントもバンケットルームで行う。ホテルと同じようにバンケットルームを複数有し、1日あたりの挙式・披露宴数も多い。一般式場のカテゴリーには、総合結婚式場と呼ばれる規模の大きな施設タイプもある。広いガーデンを有し、チャペル、神殿などのセレモニースペースも複数の会場を用意しているので、1日に20組以上のウエディングを行うことが可能だ。婚礼における施設の充実ぶりはホテル以上といえるだろう。

ホテルは宿泊、レストランなどの料飲(FB＝フード&ビバレッジ)、宴会(バンケットサービス)を3本柱とする事業体だ。このうちウエディングは宴会部門のひとつの事業という位置づけとなる。新卒でホテルに入社して、そのままウエディングのチームに配属されるケースはむしろ少ない。それは高額な料金をいただいて施行(結婚式を行うこと)するウエディング事業の特殊さゆえだ。ホテルスタッフとして一人前になって初めてウエディングの部署に配属するホテルが多いのも、そのためだ。しかし、例え最初にウエディング以外の他の部署に配属されたからといって悲観することはない。他の部署で身に付ける接客姿勢やマナーなどの基礎要素は、ウエディングの現場においてもベーシックなスキルとして活かされることになるのだ。さらにホテル勤務歴は、ホスピタリティーサービスの基礎を学び、現場でそれを磨き上げてきたということで他の施設タイプへ転職する際も有利に運ぶことが多い。

ゲストハウスは1990年代後半に誕生した新しい婚礼施設タイプ。ハウスウエディングとも呼ばれる。特色は、一般式場の婚礼の充実ぶりと、レストランウエディングの自由さを合わせたスタイルにある。1つの会場に、1つのチャペルとダイニングルームと呼ばれるパーティースペースを持ち、午前・午後の1日2組限定で、貸切スタイルでウエディングが行われる。2〜4の独立した一軒屋にダイニングルームをそれぞれ1つずつ備える〝郊外型スタイル〟と、駅近に立地するビルの数フロア内にそれらの施設を備える〝ビルインスタイル〟の2タイプがある。

郊外型ではダイニングルーム（バンケットルームと呼ぶ企業もある）はいずれもガーデンに面しており、ガーデンにはプールが備えられていることも多い。披露パーティーの途中でガーデンに出てデザートブッフェや記念写真の撮影タイムを行うなどの演出は、もともとゲストハウスが始めたものだ。また新郎新婦に1日じゅう貸切で提供されるブライズルーム（新郎新婦専用控室）もゲストハウスがいち早く設けた。ダイニングルームの特徴は、2階分吹き抜けなど、天井高のある開放的な空間であることや、新郎新婦の入退場時に印象的な使用がなされる大階段やガーデンが眺められるよう、大きな窓を採用し、自然光の採光を行っているのも特色だ。

またゲストハウスには、通常営業のレストランを持つ会場も多い。これは地域住民に親しまれる施設を目指すと同時に、結婚後の新郎新婦に帰ってくる場所を設けるという意味合いを持つ。

そのほか、レストランでの結婚式、神社併設の会館内施設、パーティー専用スペースなど、さまざまなタイプの会場が存在する。

2016 披露宴・披露パーティーの実施会場（全国）

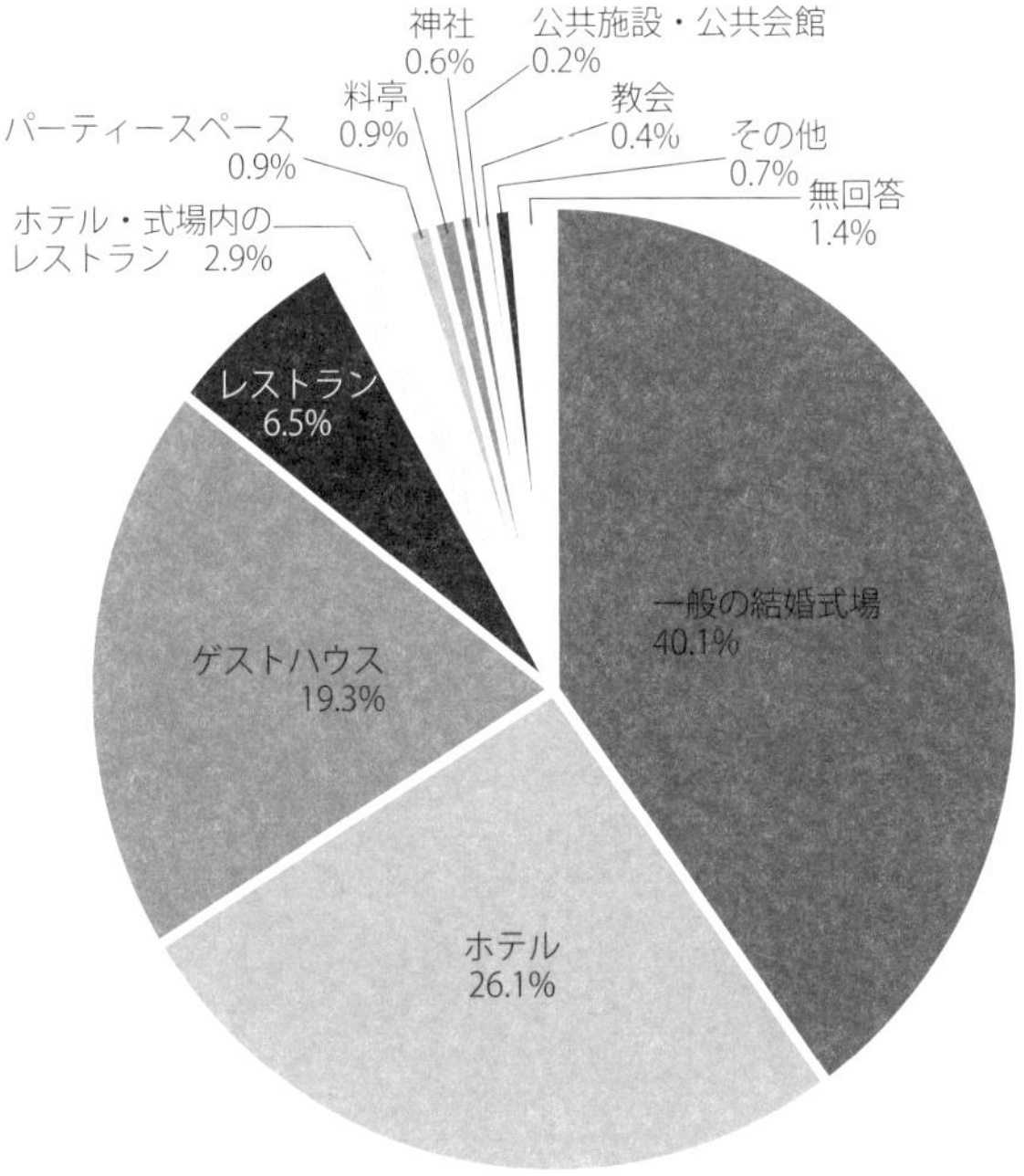

「ゼクシィ結婚トレンド調査 2016」
（(株) リクルートマーケティングパートナーズ）より

ユーザーニーズの変化と多様性

時代とともにユーザーの志向も変化する。昭和の時代には「結婚式はするのが常識」だったが、現在は「するかしないかは二人次第」へと変化している。またウエディング自体にもトレンドがあり、執筆時点の2017年では、ナチュラル志向やDIYなどの特色がみてとれる。

もともと1990年代後半に「いまのユーザーが求めるウエディングを提供するため」として、ゲストハウスタイプの会場が誕生した。その時点では潜在ニーズだったが、マーケティングの勝利だろう、見事に現在のウエディングをリードしていくビジネスプラットフォームとなっている。ユーザーニーズを満たせない企業や会場は、戦いに敗れてマーケットから去っていく宿命にある。だからこそ、常にユーザーニーズについて敏感であることが必要なのだ。

目下の業界の課題となっているのは、入籍しても結婚式、あるいは婚礼に関連する消費を行わないカップル＝なし婚層の増加である。特に業界にとって残念なのは、概算を調べる、見積もりを取ることなく「費用が高そう」と敬遠し、結婚式を諦めてしまっている層だ。いまでは自己資金ゼロでも結婚式ができるサービスもあるし、そもそもご祝儀金もあるということが伝わっていないのである。これらをどのようにユーザーに情報リーチさせるか？　がいま求められている。

2016 挙式・披露宴を行わなかった理由

費用が高そう（概算を調べる、見積もりをとるなどはしていない）	7.9%
費用が高かった（概算を調べる、見積もりをとるなどは行った）	1.3%
挙式や披露宴をする資金がなかった	13.6%
おめでた婚のため	18.4%
セレモニー的行為が嫌で、挙式や披露宴自体を行いたくなかった	18.7%
家族の諸事情	11.1%
挙式や披露宴以外のことにお金を使いたい	8.5%
再婚のため	6.0%
その他	5.1%
身辺の整理に手間がかかりそう	1.9%
挙式・披露宴の準備に手間がかかりそう	1.9%
同居期間が長いので、改めて行おうとは思わなかった	1.6%
地理的事情（遠距離など）	1.6%
まわりの友人もやっていない	0.9%
自分ないしパートナーの年齢が高い	0.6%
挙式、披露宴を行うことを反対された	0.3%
仕事上の事情	0.3%
したい挙式や披露宴を実現できるところがなかった	0.3%

「ナシ婚に関する調査 2016」（（株）みんなのウェディング）より

コラム

結婚費用に関すること

結婚式の費用に関しては、婚礼メディアなどが毎年、定期的に調査結果を発表している。例えば「ゼクシィ結婚トレンド調査2016」(P32参照)によれば、「挙式、披露宴・披露パーティー総額」の全国平均は359・7万円。平均ゲスト人数71・6人が参加する披露パーティーでは、平均がこの額というわけだ。大切なのは、ご祝儀額。同調査では232・3万円、すなわち新郎新婦の自己負担額は推計値で平均127万円程度ということになる。「まるまる359・7万円の自己負担となるわけではない」ということを業界としてはしっかりと発信していく必要があるだろう。

一方で、結婚式を行わない、なし婚カップルはどのようなお金の使い道をしているのか？それを調査したデータもあわせて紹介する。「2016なし婚層が結婚を機に行ったこと」(P33参照)では、「身内だけの食事会」が6割近く存在することが明らかとなっている。街場の一般レストランや料亭などで消費されるこの会食費は、本来は婚礼関連消費とみるべきだ。また3割存在する「婚礼衣装で写真撮影」も、〝なし婚〟ではなく、フォト婚というスタイルの〝地味婚〟であるが、こうしたユーザーが存在することを一般マスコミはあまり報じていない。極端な事例だと、経済産業省が調査している「特定サービス産業実態調査」＝通称〝特サビ〟のサンプルデータを拡大解釈して、「いま半分が結婚式をしていない」と報じる一般メディアもあるが、それは誤りであり、スタイルが多様化している現在、フォト婚や身内だけの食事会というデータに現われにくい消費行動を取るユーザーが増えている、というのが正しい表現となるだろう。

P33「2016結婚式で行った（または行う予定の）催し」でもおわかりの通り、結婚を機にまったくなにも婚礼関連消費を行わない、純粋のなし婚層は全国平均で23%。この数字もまた重視すべきではなかろうか？

2016 結納・婚約～新婚旅行までにかかった費用（全国）

項目	平均（万円）
総額（推計値）	469.7
仲人へのお礼	※
結納式の費用	14.2
両家の顔合わせの費用	6.3
婚約指輪	35.9
結婚指輪（2 人分）	24.3
挙式、披露宴・披露パーティー総額	359.7
新婚旅行	61.6
新婚旅行土産	11.2
披露宴・披露パーティーのご祝儀額	232.3
友人・同僚	3.0
上司	3.8
親族	6.4
恩師	3.6
二次会の会費 ※＜参考＞二次会出席者（人）	52.6 人
男性	0.6
女性	0.6
※＜参考＞披露宴・ 披露パーティー招待人数（人）	71.6 人
※＜参考＞1 人あたりの挙式、 披露宴・披露パーティー費用	6.2

「ゼクシィ結婚トレンド調査 2016」
（（株）リクルートマーケティングパートナーズ）より

2016 挙式、披露宴・披露パーティー総額（単位：万円）

全国	北海道	青森 秋田 岩手	宮城 山形	福島	茨城 栃木 群馬	首都圏	新潟
359.7	196	326.9	380.6	399.3	380.4	385.5	375.6
長野 山梨	富山 石川 福井	静岡	東海	関西	岡山 広島 山口 鳥取 島根	四国	九州
373.5	364	352.3	361.7	337.4	337.4	362	372

「ゼクシィ結婚トレンド調査 2016」（(株) リクルートマーケティングパートナーズ）より

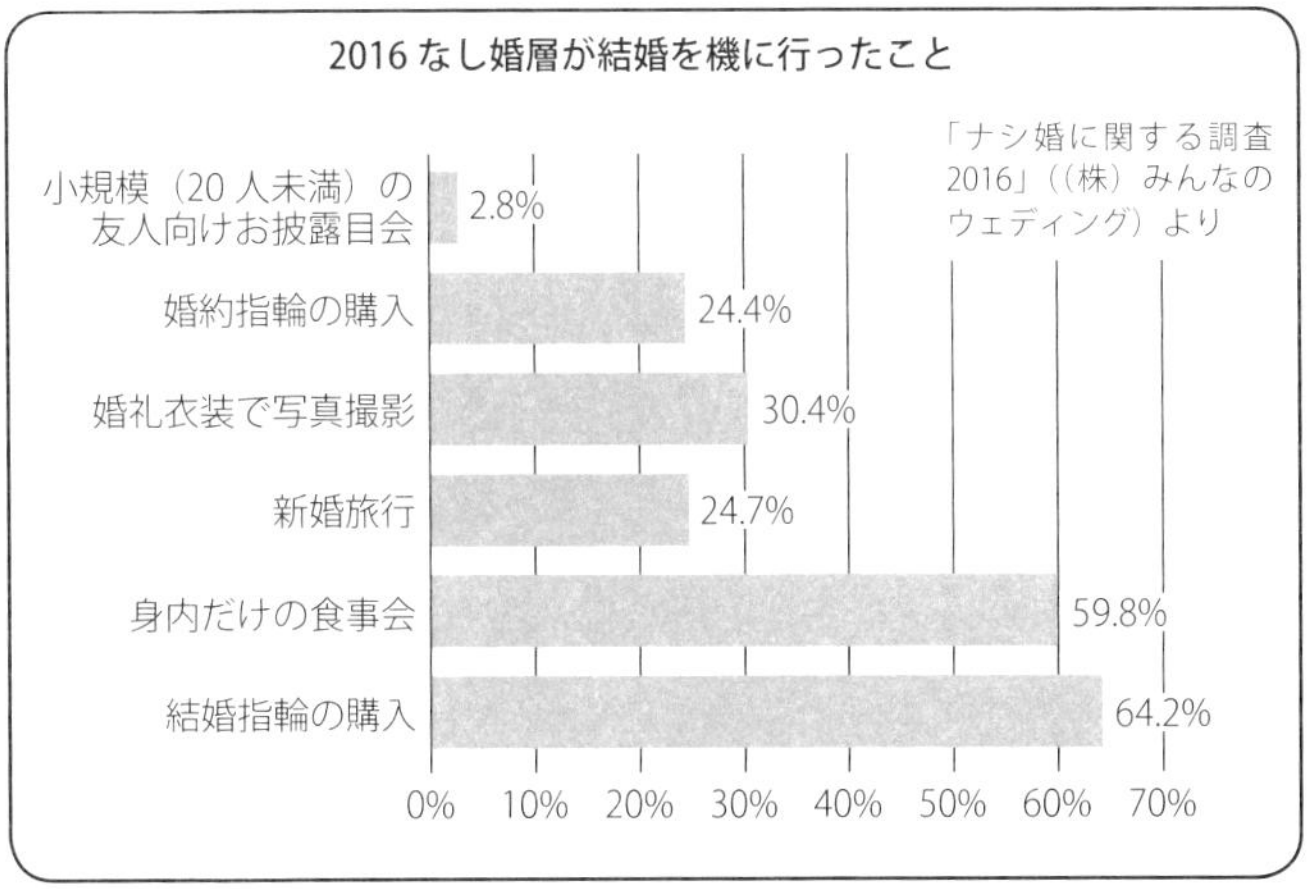

2016 なし婚層が結婚を機に行ったこと
「ナシ婚に関する調査2016」((株) みんなのウェディング) より
小規模 (20 人未満) の友人向けお披露目会
2.8%
婚約指輪の購入
24.4%
婚礼衣装で写真撮影
30.4%
新婚旅行
24.7%
身内だけの食事会
59.8%
結婚指輪の購入
64.2%
0%
10%
20%
30%
40%
50%
60%
70%

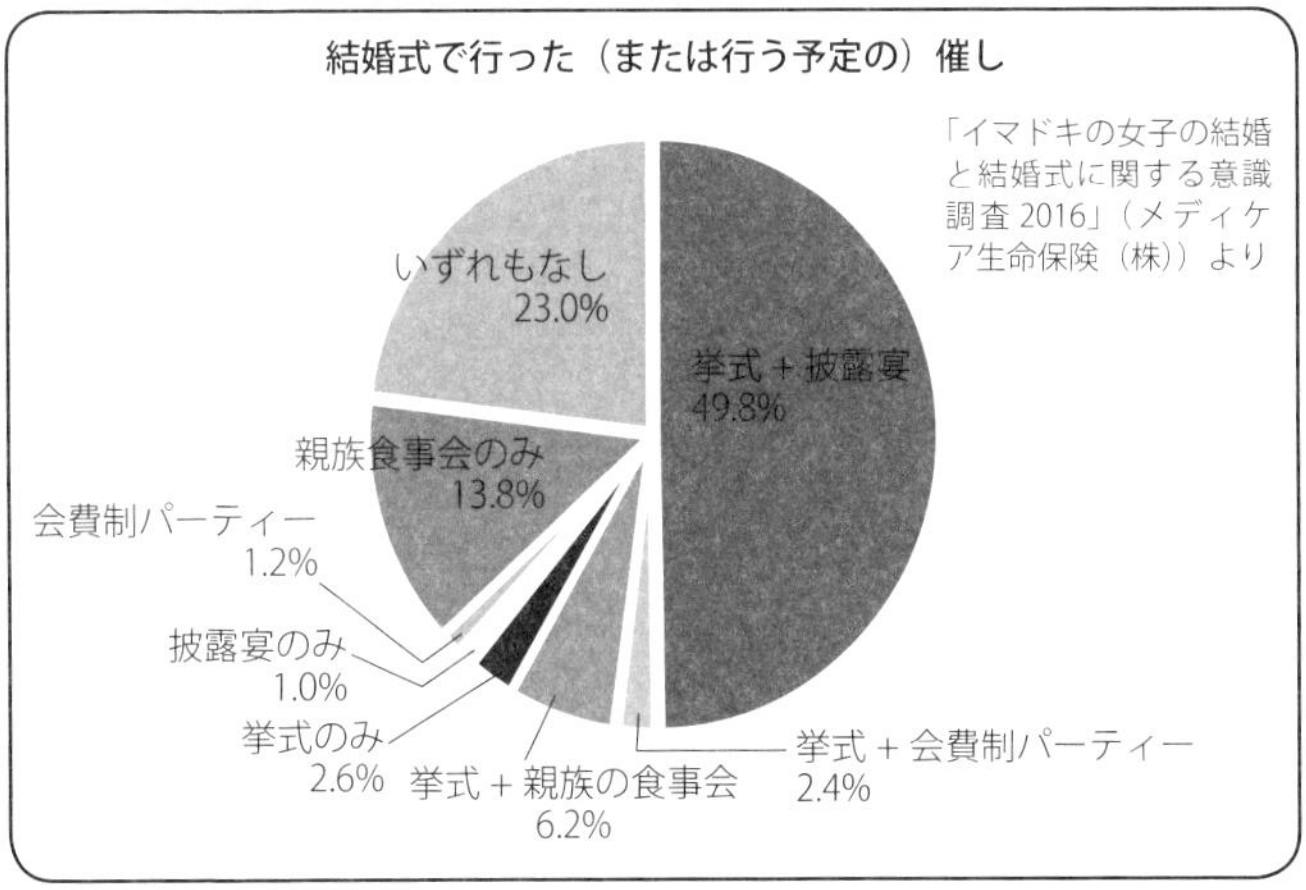

結婚式で行った (または行う予定の) 催し
「イマドキの女子の結婚と結婚式に関する意識調査 2016」(メディケア生命保険 (株)) より
いずれもなし
23.0%
挙式＋披露宴
49.8%
親族食事会のみ
13.8%
会費制パーティー
1.2%
披露宴のみ
1.0%
挙式のみ
2.6%
挙式＋親族の食事会
6.2%
挙式＋会費制パーティー
2.4%

第二章

ウエディングは
どんな人たちで作られているのか？

プランナーの細分化された職域について

第一章でプランナーにも、その企業や自らの立ち位置によって仕事内容もけっこう違うという話を紹介した。ここではプランナーの仕事について、もう少し詳しく紹介しよう。

プランナーには新規営業を担当するプランナーと、打ち合わせ担当、そして新規&打ち合わせを兼ねる一貫制の3タイプが存在する。そのほかに、アシスタントプランナーといって、メインプランナーの事務処理のサポートを行う係や、当日の結婚式にも二人に付き添う、文字通りトータルプランナーのタイプもある。

まず新規接客を担当するプランナーには「マーケティングプランナー」、「セールスプランナー」などの肩書きが付与されているようだ。新規営業を担うので、その企業と会場の売上を左右する、とても重要な仕事を任されている人たちだ。結婚費用の挙式・披露宴の額は、普通規模の招待人数(75人前後)であれば1組平均で約350万円と言われている。この大きな出費をともなう〝一生一度〟の大イベントを任せられる会場、人を探すためにカップルは、会場の下見に訪れるのだ。軽い気持ちで会場を決めるのではない。下見をする会場も現在では平均3会場といわれているが、そのなかから、自会場を選んでいただかなくてはならない。

当然のことながら、新規接客の担当プランナーはライバル会場を先に下見してきたユーザーにも、自会場の素晴らしさを存分にアピールしなければならない。もっとも大切なことは、自会場の宣伝ではない。目の前の二人に、いかに自分と会場が気に入られ、信頼感を獲得できるか、だ。第一印象がいいのは当たり前。そのうえの次元ですべての新規プランナーは他社のプランナーと戦っているといっていいだろう。単純に「愛想がいい」「笑顔が素敵」という持ち前の資質だけで務まる仕事ではないのである（もちろん非常に重要だが、それらはイロハのイに相当する）。加えて、近年では〝引き出し接客〟と呼ばれる手法が重視されている。つまり、「自分たちのことをどれだけ聞いてくれたか？」や「自分たちには気づかなかった本質」をいかに導き出してくれたか？を、いまのユーザーは期待しているので、それとは正反対のチャペルやバンケット自慢を聞かされると、もう「次行ってみよう」となるのだ。このあたりのスキルの初歩についても、のちの章では触れたいと思う。

ユーザーが会場を決定し、申込契約を行うと、新規接客の担当者からその後を引き継ぐのが、打ち合わせ担当のプランナーだ。結婚式のおおまかな内容と予算は、新規接客の担当者がつくり上げているので、そのテーマに沿って具体的な準備を進めて行くことが仕事となる。相談を通じて、料理や演出・進行はどうするなど、結婚式をきちんとした商品の形にしていくのが主な仕事だ。また衣裳、美容など、各部への連絡や調整など、多方面への手配業務も打ち合わせプランナーの仕事である。相談している間に、新婦がマリッジブルーになっている、あるいは両家がなにかで揉めていることが判明したり、打ち合わせプランナーも新規担当に負けず劣らず、神経を使う仕事だ。しかしうまく二人や両家を結び合わせ、当日を無事終えた後には、二人にとって〝一生の恩人〟となり、その後も長く家族ぐるみの付き合いに発展するなど、とてもやりがいのある仕事でもある。

新規接客と打ち合わせの両方を行うプランナーは、最初からカップルの相談相手となり、申込契約の後も引き続きカップルとともに結婚式を作っていくのが仕事。そのためユーザー満足度は必然として高くなり、現在はこのスタイルを採る会場も増えた。もともとアメリカのプランナーは、このような一貫制なのである。

しかし実際問題、新規と打ち合わせの両方を一人で行うのは大変に難しい。というのも、打ち合わせ担当として結婚式の準備をしながら、別の新規カップルのセールスも並行して行わなければならず、そのバランス感覚が求められるためだ。また結婚式当日にまで立ち合うトータルタイプのプランナーであれば、新規営業の稼ぎ時である土日に、婚礼サロンとバンケットルームを行ったり来たりで、そのスケジューリングにまず苦労するのである。

一般的な傾向で言えば、バンケットルームの数が多いホテルや専門会場でのプランナーは、新規と打ち合わせを分けたチーム編成にしているケースが多い。ゲストハウス系企業の場合は、大規模な会場を除いてバンケットの数は3室なので、一貫制を取り、当日の付き添いも行う企業が多い。

このほかに、いわゆる独立系プロデュース会社に所属するプランナーもいる。一人など小規模であれば、フリーランスプランナーと呼ばれ、数人のプランナーを抱える会社組織であれば、プロデュース会社と呼ばれている。特定の会場と専属契約を結びつつ、二人の要望に沿ってまったく新たな会場を探すということも行うのが、フリーランスとプロデュース会社に勤務するプランナーである。二人が下見して気に入れば、その会場に出張してウエディングコーディネートを行う。地方都市の独立系ウエディングプロデュース会社にこのタイプが多い。こうしたタイプのプランナーは、働く現場は、常に他社ということになる。常に他社スタッフと打ち合わせをしながら、順調に準備を進行させていかなければならないのだから、その分、気苦労も多い。しかしウエディングが成功し、二人やゲストに喜んでもらえれば、その充実感は至福のものとなる。経験豊富なプランナーでしか務まらない職場であるため、一定のキャリアを積んだプランナーが、起業独立、あるいはプロデュース会社に所属する形でユーザーの希望に応えているようだ。

結婚式に欠かせない衣裳を扱うドレススタイリスト

誰の目から見ても「この人がお嫁さんだ」とわかるアイコン、それがウエディングドレスだ。たとえ結婚式に価値観を見いだせない女性でも、年若いころに一度は着てみたいと思うほど、その存在感は大きい。必然的に婚礼衣裳に対する新婦の関心は高く、こだわりも多い。ドレススタイリストとは、そうした新婦の夢と希望を叶えるスタイリングとコーディネートを提供する仕事である。その新婦にふさわしい一着を選んでお勧めできれば、新婦はもちろん新郎や両親からも喜ばれ、仕事のやりがいを感じることができる。

企業によって名称は「衣裳コーディネーター」「コスチュームアドバイザー」などさまざま。新婦にとっては、夢でもあり、憧れでもある、〝晴れの日〟の衣裳を選ぶのだから、当然、普段着を選ぶようなわけにはいかない。結婚式当日に着る1着のドレスを選ぶためには、フィッティング（試着）も含めて数時間かかるのが普通だ。そのため、ドレススタイリストが、1日に担当できるのは、せいぜい3～4組が限界ということになる。

婚礼衣裳の決定は、新婦がドレスにこだわりを持つ場合は式の半年以上前に決めるケースが多く、また会場決定を先に行った場合でも、衣裳が決まらなければ、美容やエステ、演出なども決められない。その点からも重要なアイテムと言える。

ドレススタイリストが働く現場は、ホテルや式場にテナントとして入っている「テナント店」と、市街地にある「路面店」の2通りがある。この二つの現場では、同じドレススタイリストの仕事といっても、営業上、いくつかの違いがある。

まずテナント店の場合、スタイリストは所属する衣裳店の社員であると同時に、そのホテルなり式場のスタッフの一員であることが求められる。なぜならば、ホテル・式場を訪れる人にとって、テナント店の店員の態度＝ホテルの態度と受け取られるためだ。そうしたことから、テナント店のドレススタイリストは、ホテルや式場の一員としての態度、品格も求められている。

また、自分が担当した新婦と結婚式当日に会えるケースもテナント店ではありうる。反対に残念ながら路面店では、そのカップルの結婚式を当日見に行く機会はない。そのため、路面店のスタイリストは思い入れの強い新婦が結婚式を迎える時間を覚えていて、「いまごろうまく着こなしているかしら？」などと気づかったりしているようだ。

ただ、路面店ならではの良さもある。わざわざ路面店にやってくる新婦は、雑誌やインターネットなどで情報を得て店まで足を運ぶほど、婚礼衣裳に対してとても関心が高く、こだわりの新婦が多い。そうした新婦とドレスの話で盛り上がれるのは、服飾の職業に就く者としては幸せな瞬間だろう。

スタイリストは、来店した新婦からじっくりと希望を聞き、その新婦の美しさ、潜在している魅力を最大限に引き出すのが仕事である。晴れの日に着る特別な衣裳だけに、新婦は迷いに迷う場合が多い。選びつかれて、マリッジブルーになる新婦もいるほどなのだ。そんな新婦の相談に乗り、迷わないよう正しい道に導き、心のサポートまで行うことも、スタイリストの大切な仕事である。また洋装と和装の両方に詳しくなければならない。最近の和婚ブームにより、式服はウエディングドレスだが、色直し再入場では振袖などの和装を着たいというニーズも多くなっているからだ。

和装については立ち姿や歩き方などさまざまな決まりごとがあり、それらを勉強していなければ、お客さまに自信を持ってお勧めすることができない。お母さん世代のなかには着ものが趣味という方も少数だがいるのだ。そのような親御さんを相手に、ベストな衣裳を選びお勧めするためにも、着物や和髪の勉強が必須となっている。加えて、ヘアオーナメントを始めとするアクセサリー類、小物選びも重要な仕事の一部。アクセサリーひとつで、衣裳とのバランスが台無しになってしまうことさえあるので、新婦と衣裳にぴったり合った小物をお勧めできるよう、日ごろから勉強とセンス磨きが欠かせない。

宴会キャプテンは〝当日のディレクター〟

宴会場のことを業界用語では「バンケットルームｂａｎｑｕｅｔ ｒｏｏｍ」と呼ぶ。バンケットとは、宴会、祝宴、ごちそう、人を楽しませるための趣向などの意味を持つ。またバンケットサービスとは、宴会場での飲食サービスに従事するスタッフのことだ。名称がウエイターとなるがレストランで飲食サービスを提供するスタッフも、同じ業種である。

バンケットサービスの現場トップは宴会キャプテン。俗に〝部屋持ち〟と呼ばれるチーフ格のスタッフの下にバンケットスタッフが働いている。一般的な会場では、正社員はキャプテンとアシスタントキャプテンくらいで、実際に披露パーティーで料理を運んでいるのは、ほとんどがアウトソーシングの〝配膳会〟と呼ばれる飲食サービスの人材会社から派遣されてくるスタッフ。学生アルバイトも多い。

キャプテンは「ＭＩＣＥ（マイス）」と呼ばれる会議、招待旅行、展示会、イベント全般を担当し、このイベントのなかにウエディングがある。キャプテンはウエディングにおいては、〝当日のウエディングプランナー〟、〝パーティーディレクター〟のような役割を果たす。

プランナーが当日の披露パーティーに立ち会わないスタイルの会場であれば、具体的な打ち合わせ期間に、「私が当日、披露パーティーを担当する○○です」と挨拶することが最近増えている。以前であれば当日挨拶していたのだが、顧客満足を優先する姿勢から、キャプテンも勤務ローテーションが明確になる1か月前には、新郎新婦に顔を覚えてもらい、安心感・信頼感を提供するようになっているのだ。そうして当日に向けての準備として、プランナーや調理部門などとのミーティングを重ねていく。

前日にも最終のスタッフミーティングを行い、手抜かりがないことを確認。いざ当日を迎えると、フラワーや照明スタッフたちと二人の希望通りの会場コーディネートをつくり上げるための設営に入る。そうして準備が整った段階で、改めてすべてのバンケットスタッフや司会者、フラワー業者などと確認事項のチェックを行う。披露パーティーが始まれば、新郎新婦が緊張のあまり気分が悪くなっていないか？　などに気を配りつつも、バンケット全体の状況を把握しながら、調理部との連携を図り、司会者が滞りなく披露宴を進行して行けるようサポートをしたり、スタッフに指示を出したりしながら、素晴らしいパーティーにしていくのが主な仕事である。

基本的には以上のような業務だが、ゲストに食物アレルギーが多い現代は30年前と比べて、その仕事内容もより複雑となり、披露パーティー開始前にはアルバイトのバンケットスタッフに、「この料理はこのテーブルのここ」と何度も念を押すことも日常となっている。また手間のかかる会場コーディネートや演出も増えた。新郎新婦にとっては人生の節目に行うかけがえのないイベントため、一つのミスも許されず、常に気を張りつめていなければならない仕事だ。

「どんでん」という、前の会場仕様からその披露パーティーの会場への模様替えでは、重いテーブルの片づけから、あらたなセッティングを短時間で完了させるなど、力仕事の要素もある。したがってバンケットサービスの現場は基本的に体育会系のノリであり、瞬時の適切な判断が、キャプテンだけでなく、サービススタッフ全員に求められている。

プランナーは当日の演出面など、ユーザーの希望を聞き取って、バンケットキャプテンに事前に相談するのだが、「できることは何でもする」というスタンスに立つのが、多くのキャプテンの思いだ。しかし「この演出がはたしてお二人に本当にふさわしいのか?」「ほかにもっと引き出すべき要素はなかったのか?」などと、本質をついた指摘をするのも、仕事熱心なキャプテンにありがちなことなのだが、そうしたプロ意識を強く持つキャプテンに認められてこそ、一人前のウエディングプランナーと言えるのではなかろうか。

花嫁・花婿を彩るフラワーコーディネーター

もともと花嫁・花婿という言葉がある通り、花はウエディングのマストアイテムだ。フラワーコーディネーターは素敵なブーケを作り、新婦にブーケを手渡す瞬間、喜んでくれる姿を見て、感動を共にする。また、宴会場でのフラワーコーディネートは大規模なものになるので、その達成感も大きなもの。続ければ続けるほど、より深い世界が見えてくる魅力的な職業と言えるだろう。

対象が花だけに主な相手は新婦となるが、新婦に気に入ってもらえるよう製作するうえでも打ち合わせはとても大切な時間となる。フラワーコーディネーターはクリエーター的な面も持つが、同時に接客営業の仕事でもあるというのは、そんなところにも表れている。

ブーケ、ブートニアでは、二人の衣裳決定後、およそ結婚式の1~2ヶ月前に画像やサンプルを見せしたりして、新郎新婦の希望イメージと合っているかを確認する。そして本番数日前から、実際の製作にあたるようになる。新婦との打ち合わせで重要なのは、まず新婦の好みや希望をよく知ることが第一。次に、イメージをより適確にするため、自分でデザイン画を描く、あるいは雑誌の切り抜きなどを持参してもらうなど、お互いにイメージを共有化することが大切だ。

一方、フラワー企業の業態では、街の路面店と、ホテルや式場の中に入っているテナント店の2つがある。またテナント店の場合は、館内にショップを持つケースと、作業場のみを持つケースの2通りがある。このうちウエディングに関わるのはテナント店である。

フラワーコーディネーターの仕事に就く王道とも呼べるルートは、花の専門学校を卒業して企業に就職するパターンだ。農業高校ではフラワーの実習がある学校もあり、卒業後にフラワー企業に就職するケースもある。一般の短大や大学を卒業し、フラワーコーディネーターを募集している企業に新卒で入社するルートもある。また他の花屋からの転職もある。

花の基礎を学ぶことなく、一般の短大や大学を卒業し、フラワー企業に入社するケースでは、技術のない人間をそれなりの期間をかけて育てようという企業側の思惑がある。そのような余裕を持つのは、フラワー業界でも中堅以上の企業に限られる。それでも一人前と呼ばれるようになるには、花の専門学校を出て就職して最短でも5年程度はかかるとされる。

ちなみに「フラワーデザイナー」という呼称は（社）日本フラワーデザイナー協会が商標登録しているので、使用するには同協会の試験に合格するなどして資格を得る必要がある。したがって本書でも、フラワーコーディネーターという表現を用いている。

思い出深い日の記録を残す写真・映像スタッフ

〝結婚式の成果物〟＝あとに形となって残るものの代表的なアイテムが写真と映像（動画）だ。人が一生のうちで記念に写真や映像を残しておきたい瞬間はさまざまにあるが、そのなかでも結婚式は、もっとも記録に残しておきたいビッグイベントと言えるだろう。その証拠に地方の親子4代続くような街の古い写真館には、過去に撮影した結婚記念の家族写真がたくさん飾ってある。同時に、写真撮影企業はウエディング業界の古株とも言えるのである。

写真企業は、ホテルや結婚式場の館内にテナントとして入り込んでいる。ひと昔前まで「写場」と呼ばれていたが、最近はフォトスタジオの名称に変わった。スタジオには両家親族が全員入って階段上のステージに整列して撮影できるだけの広いスペースが設けられている。もちろん新郎新婦の写真もここで撮影される。さらにチャペルやバンケットには自動操作できる映像カメラを備え付けている例が多い。映像も写真企業が兼ねているのだ。

ただゲストハウスという新しいタイプの会場が増え、写真・映像の世界にも変化が訪れた。ゲストハウスではガーデンや館内のあらゆる場所をフォトスポットにできるよう最初から設計＆デザインされているので、特にスタジオを設けない会場もある。さらにこの部門を自社運営に切り替える動きも、大手ゲストハウス系企業を中心に進んだ。

ウエディングと他の産業界で活躍するカメラマンの違いは、まずその服装だ。暑い夏でも黒っぽいスーツ姿で撮影するのはウエディングカメラマンだけだろう。理由は、目立たない黒子役に徹するということだ。またウエディングの撮影になれたカメラマンは、ポジション取りがうまい。ケーキ入刀などハイライトとなる場面では、新郎新婦とケーキの構図がもっともバランスよく撮影できるポイントに、あらかじめポジション取りをしているので後から殺到してくる素人カメラマンより良い写真や映像が取れるのは当たり前である。

ただしここにも変化があり、以前は新郎新婦を中心に撮影していたものだが、最近は「自分たちよりゲストを撮ってあげてほしい」「手作りしたアイテムもしっかり記録に残してほしい」など、二人からの要望がより広角になっているのだ。

映像においても同様で、エンディングロールに流すための即時編集がほとんどの会場で行われるようになり、撮影&編集が現場で行われるようになった。また挙式日以前に別の衣裳で撮影する「前撮り」や、会場近くの景色の良い場所へ移動しての撮影「ロケーションフォト」も一般に行われるようになっている。

なお最近、街には格安で婚礼写真が撮れるフォトウエディングのスタジオも現れた。これに関しては別項で改めて紹介する。

パーティーの演出面を陰で支える音響・照明スタッフ

ウエディングプランナーと新郎新婦が打ち合わせして作り上げた進行台本にしたがって、挙式や披露宴の演出を担当するのが音響・照明スタッフである。ホテルや結婚式場では、提携先の演出会社などから派遣されてくるスタッフも多いが、ゲストハウスタイプの会場では、その時間に自らの担当を持たないプランナーが操作する例もあるようだ。

ホテルなどの大型バンケットルームには、附属する小部屋があり、そこからビデオカメラを通じて、会場内の様子がわかるようになっている。モニタールームとも呼ばれるこの小部屋から、音響・照明スタッフは進行台本に基づいて、スポットライトをメインテーブルに当てたり、新郎新婦の入場にあわせて事前に決められたBGMを流したりという仕事を行っている。また100人以下の着席人数となる中小のバンケットでは、会場の片隅にコンソールデスクが設置されており、音響・照明を一人の担当者が同時に操作する。

例えば披露パーティーに入場するときなど新郎新婦の動きに合わせ、音響・照明スタッフにキュー出しをするのが会場内にいるバンケットキャプテンの役割で、インカムなどでことあるごとに連絡を取り合い、ドンピシャで曲だしのタイミングを計る。新郎新婦に渡される進行台本と、プランナーやバンケットスタッフ、ＰＡスタッフが手にする〝裏台本〟の違いは、秒刻みの時間で進行が組まれ、そこに細々とした注意書きが記してある点だ。〝裏台本〟通りに披露宴が進行することは滅多にないが、その時間の遅れ加減を逐一、インカムなどで伝え合い、フォローしあっている。

照明分野では、最近ムービングライトと呼ばれる新しい機器が導入され、その瞬間にコンソールパネルからの操作により、めざすポイントに照射できるようになったため、以前のようにあらかじめ天井につりさげて角度を調整するといった手間がなくなった。またプロジェクションマッピングという映像演出を採り入れる会場も増えた。照明や音響に特にこだわる新郎新婦の場合は、直接打ち合わせすることが求められるケースもあり、技術だけではなく、営業接客のスキルも必要とされるようになってきている。

なお、音響に関しては、ＢＧＭに使用する楽曲を新郎新婦が持ち込んだＣＤや自社の音楽データベースから録音してくる作業まで任される場合もある。ただし、最近は音楽著作権も厳しいルールが業界に求められており、新郎新婦の持ち込みＣＤはもちろん、自社保有の音源であっても二次使用は著作権法をクリアしなければならなくなっている。

音響・照明はテレビや演劇の技術者を養成する専門学校を出て就職するケースもあるが、多くは普通の大学を出て、職についてから技術を習得する例が一般的だ。

パーティーを表で仕切るキーパーソン・司会者

結婚式の司会者として、一般の方がすぐに思い浮かべるのはテレビ界で活躍する人だろう。しかし結婚式の司会者もまたプロフェッショナルでなければ到底務まらない職業であり、アナウンサーのように単にしゃべりが上手であればできるという認識は間違いである。

披露パーティーが成功するか否かは、ある意味、司会者に左右される。それだけ責任重大な仕事だ。例えば酔っぱらった親族が、プログラムにないことを突然やりたがる、スピーチの時間を大幅にオーバーする来賓の存在なども現実の披露パーティーでは日常茶飯事。そういったアクシデントにもうまく対処しなければならない。裏からパーティー全般を司るのがバンケットキャプテンであるならば、キャプテンとアイコンタクト等で連携を取りながら、表を仕切るのが結婚式の司会者と言えるだろう。

会場によっては、進行台本を司会者が作るケースもある。もともとはプランナーの仕事なのだが、会場によっては司会者がプランナー役を兼ねるケースもあり、逆にプランナー自身が当日の司会者を務める会場もある。そのわけは、新郎新婦と半年間にわたってつき合ってきてお互いの気心が知れているので、二人にとってもプランナーが司会を務めてくれることがウエルカムなためだ。「本来、司会者は一人と近しいその親友か兄弟が務めるのが最良。しかし婚礼知識を持ち、アクシデントの際にも機転が利かせられる点などから、本番ではプロの司会者が選ばれているのです」（司会者団体の幹部談）。

司会者の仕事で重要なことは、披露パーティーをいかにスムーズに進行し、いかにゲストたちの思い出に残る楽しいパーティーに導いていけるか？　すなわち、エンターテインメントの資質も要求されるのだ。その実、出席者の注目を浴びる表舞台の仕事でありながら、主役より目立ってはならず、失言や名前の言い間違いも許されない仕事でもある。披露パーティーの間は神経を研ぎ澄まし、全精力を傾けているため気苦労も絶えない。その一方で、カップルの幸せの瞬間をともに創り上げる役目でもあり、人生最高の瞬間のお手伝いができる素晴らしい仕事でもあるのだ。

司会者は、司会者事務所や音響・照明、写真・映像企業などに所属し、提携先のホテルや式場に派遣される場合が多い。フリーランスで働く司会者も個人で会場と準提携関係にあるケースがほとんど。したがってそれらの企業に所属、あるいは会場と提携していなければ、どんなに技術力がある人でも司会者として会場に入ることはできない。最近はフリーランスで働くプランナーが、当日の司会を兼ねるケースも増えており、まずはプランナーをめざしてみるのも一つのキャリアルートと言えるかもしれない。

新婦のビューティー部門を担当する美容・ヘアメイク

一生一度という言葉は、再婚者が増えた現在のウエディング業界ではあまり使用されなくなっている。しかし一人の一般の新婦にとっては、プロのカメラマンにこれだけ密着して自身を撮影してもらう機会も芸能人でなければそうそうないものだ。またウエディングは大勢のゲストの目に直接触れる機会でもある。この新婦の晴れの日のビューティー部門を担当するのが美容師・ヘアメイクスタッフだ。

ホテルや結婚式場内にテナントで入っている美容室とは、新婦の当日の支度を手伝うパートナー企業の店舗のこと。美容にはヘアコーディネートとメイクが含まれ、さらに洋装、和装の当日の着付けまでも担当するケースが多い。披露パーティーのお色直しでは、ヘアチェンジやメイク直し、そして着付けまで、洋装で15~20分、和装で20~25分で完了させなくてはならず、時間との勝負であると同時に、新婦からはセンスとテクニックも要求されるのでなかなか大変な仕事だ。テナントで美容室が館内に設けられている理由は、まさにこの時間との勝負という側面があるから。ところが新婦がお気に入りの美容師を外から持ち込んだ場合、この数分を争う時間勝負の連携がうまく取れない。実際に連携が取れず、後にゲストや両家からクレーム対象となった事例が多いのだ。さらにバンケットだけでなく、写真・映像スタッフまでも時間のズレにより、その次の新郎新婦とバッティングしてしまう。消費者の新郎新婦サイドとしてみれば、人を呼ぶのに持ち込みとは…と思われるのだが、こうしたまさに戦場みたいな現場にて〝あ・うん〟の呼吸で進行している実情を、一般の人たちは知らないのである。

とは言え、美容・ヘアメイクにはセンスと技術が必要だ。しかも洋装だけではない。しきたりやきまりが多い和装も含まれる。特に和装では、日本伝統のきまりごとを踏まえた先生がたが後期高齢者となり、その技術や知見が次の世代にうまくバトンタッチされていない現状がある。2020年の東京五輪では和装スタッフの大量の需要があるとされる。それ以降も国際化すればするほど、和装は人気を盛り返していくことが想像される。このことから、学ぶべきは和装美容と言えるだろう。

美容師になるには国家試験を経て、資格を得ることが法律上定められている。そのためすべての美容師・ヘアメイクスタッフは専門学校を卒業し、そののちに婚礼業界の企業に就職している。しかし美容師・ヘアメイクとして一人前となるにはそれなりの年月が必要で、しかも接客営業の面もあるため、学ぶべきことは多い。しかし給料はそれに見合ったものが支給されておらず、離職率が高いことも現在、業界の課題となっている。

当日、二人の身近でお世話するアテンダー・介添え

アテンダーとは介添えの意味で、新郎新婦の当日のエスコート担当のこと。航空会社のフライトアテンダント、キャビンアテンダントなどと同じアテンダント（ａｔｔｅｎｄａｎｔ）であり、結婚式当日の動線・道先案内役であると同時に、適宜、衣裳の乱れを直し、二人の当日の秘書みたいな役割も果たす仕事だ。プランナーが当日つき添えない会場では、それに代わる重要な役割を果たす。またチャーチアテンダー（教会案内役）などのように、挙式当日を専門にコーディネートするスタッフも派生系として存在する。

もともと介添えさんとは、日本中のホテル・式場にいて、結婚式当日の新婦のサポート役を務めていたものだ。それがいまでは和婚の聖地である京都での結婚式や、東京でも格式の高いホテルや総合結婚式場でしかその姿をあまり見かけなくなった。その理由は、ひとつには新婦がほとんどウエディングドレスを着用するために、和服姿の介添えさんが付き添っている姿が洋装に合わないということ。実は、それ以上にドレスは和装ほど裾さばきやお直しなどを必要としない。それが減った理由と言えるだろう。加えてゲストハウス系企業が新婦のよき話し相手となれるよう同年代のプランナー、あるいはアシスタントプランナーを付き添わせ、サポートを行うように

なったことも大きい。

付け加えるならば、これまで介添えさんを務めてきた人たちの高齢化である。もともと介添えさんになる女性は、きものが好きで、着付け教室などに通い、ちょっとした機会には自分でも和装で出かけるような人。昭和の時代には40〜50代のお母さん世代のそうした女性がまだまだたくさんいたのであるが、それから四半世紀以上も時が経つと、彼女たちは引退。しかし、その次、現在バリバリと介添えの仕事ができる世代がすでに自分で和装を着付けできない世代であるため、需要はあっても供給が追いつかない面もある。

しかし若いアテンダーが増えたいまとなって、改めてベテランの女性である介添えさんが見直され始めているのも事実だ。というのも、介添えさんはまるで母親のような年代であり、当日に緊張しがちな若い新郎新婦にも頼りにされる存在だ。また経験豊富なため気遣い、気配りは若い女性の及ぶところではない。

一方、アテンダーは、いわばプランナーになるためのキャリアステップの一段階前と位置付けられている企業もあることから、プランナーコースに乗ることが仕事に就くための最短ルートとなる。いずれホテルのドアマンのような専門職と業界に広く認知されれば、従来の介添えさんとは違ったプロフェッショナルとしてその存在感は増すことだろう。

コラム　厨房部門について

複雑で高度な対応が求められる時代に

披露パーティーで提供される料理は〝婚礼メニュー〟と呼ばれている。だが、作り手であるシェフは、基本的には一般の宴会料理を作るのと同じ姿勢で調理に向かっている。ただし、新郎新婦やゲストにとって、一生に一度しか味わえない特別感があるメニューであることは、十分にわきまえて作られているのも事実だ。食材もそれにふさわしい縁起物を使用する例が多い。

料理の種類では、現在はフレンチが人気で、そのほかに和洋折衷料理や、イタリアン、日本料理や中国料理などがある。ホテルや大規模な専門式場ではウエディング以外にもさまざまなユーザーに対応するため、洋食（フレンチ）、日本料理、中国料理の3つの部門を設けている。それぞれに部門長である料理長がおり、部門長が味付けなどの基本の方針を定め、それを受けて現場のシェフと調理場スタッフが実際の料理を作っている。

フランス料理の場合、調理師たちのチーフをシェフという。そのチーフを束ねるのがグランシェフ＝総料理長。日本の多くのホテルの場合、フレンチの総料理長が他の日本料理などの責任者も兼ねる。次いでフレンチ部門ではシェフが料理長で副料理長がスーシェフ、ソースを担当するソーシエ、オードヴル担当のガルドマンジェ、お菓子職人のパティシエなど、多くのスタッフが専門分野別に働いている。スイーツ作りの現場では、パティシエール（女性菓子職人）を中心に女性の調理人が増えているのも近ごろの特徴と言えるだろう。これが日本料理なら、シェフに当たるのが料理長、刺身をひいたり料理の仕上げをする立板（たていた）、煮物を担当する煮方（にかた）、魚料理と立て板の手助けをする向板（むこういた）といった料理人たちが力を合わせて働くことになる。

一方、ゲストハウスではフレンチが人気だが、和食と洋食を融合したフュージョン料理も近ごろ多くの会場で支持されるようになっている。バンケット数が2～3会場とすくないので、ホテルなどに比べると調理部門も少数精鋭で運営されており、料理長のもとに何人かのシェフとパティシエが在籍する構成になっている。

プランナーや宴会キャプテンは、これらのキッチンまたは厨房と呼ばれるこの調理部門とのコミュニケーションをいかにうまく取れるかで、顧客満足度が大きく変わるため、調理技法や食材など基本的なことのほか、自会場のメイン食材の仕入れ先やその時期、結婚式当日に調理にかかる労力や時間、そして原価を把握しておくことは、調理場スタッフと円滑なコミュニケーションを取るうえで最低限の知識といえる。

その一方、最近の新郎新婦は会場決定前に、自分たちがこだわる料理を試食して会場を決める傾向が強まっている。そのため、新規客を獲得するための試食フェアの開催がほとんどの会場で行われるようになった。試食フェアではシェフ自らが新郎新婦に料理の感想を聞き、その二人がどのようなニーズを持っているかを熱心にヒアリングする姿が目立つ。プランナーや宴会サービススタッフは、その良い〝橋渡し〟をすることが求められているのだ。

また、厨房は近年になって、大きな変化があった。アレルギー対応やオリジナルケーキ作りなどだ。30年前の1980年代にはほぼ必要がなかったアレルギー対応は、現在、多いときにはゲストの6割がなんらかの食品アレルギーを持つ披露パーティーもあるくらい。その人ごとに特製のメニューを作るレストランスタイルと化している。しかも婚礼では全ゲストにほぼ同時に、同じ料理をサービスしていかなければならない。そこから「昔に比べて1・5倍から2倍にまで仕事量が増えている」と嘆く総料理長も少なくない。オリジナルケーキも同様だ。会場のホームページに紹介されているケーキを見ると、「よくぞここまで」と感心するくらいの完成度で新郎新婦の要望に応えたものを、しばしば発見できるようになっている。

ユーザーが料理を会場選択の主要な項目としている現在、ここに力を入れていない会場はほぼゼロといって差し支えない。特に新規ユーザーに対する試食フェアは、実際の料理を確かめてもらうことで成約に結びつける大切な営業イベントだ。試食会参加にいかに導くか？　それもプランナーの重要な役割となっているのである。

第三章

プランナーの
「ウエディング当日の動き」
追っかけレポート

この章では、実際のウエディングを担当したプランナーの当日の動きを中心にお伝えする。企業や会場によっては進行や手順も異なるが、現在行われているゲストハウスタイプの会場における内容例として参考にしていただきたい。プランナーは東京・立川の「ルーデンス立川ウエディングガーデン」に勤務する澁谷ゆか氏。取材時点で入社4年目で、新規接客から打ち合わせ、当日の付き添いまでを行う一貫制のプランナーだ。また撮影協力いただいた干場貴弘 & 中村 瞳ご夫妻はハワイで前撮り、軽井沢で親族だけのウエディングを行っており、9月25日は友人・知人へのお披露目も兼ねたウエディングだった。

実施日：2016年9月25日（日）
会場：ルーデンス立川ウエディングガーデン
運営：株式会社ルーデンス立川ウエディングガーデン
新郎新婦撮影協力：干場（ほしば）貴弘 & 中村 瞳　ご夫妻
ウエディングプランナー：澁谷 ゆか 氏
撮影：逸見 幸生

1. 最終打ち合わせ

2016 年 8 月 28 日（日）

9 月 25 日のウエディングに向けた最終の打ち合わせ。未決だった事項の詰めと、最終確認を兼ねた内容となった

2. 当日。ガーデンでのフォーマル撮影

当日は 10 時に来館する新婦に備え、9 時に出勤。11 時 45 分から会場となるイギリス館のガーデンで支度を終えた新郎新婦の撮影に立ち会う

3. 披露宴会場のセットアップ完了

イギリス館（ケント・マナーハウス）は前後に英国風ガーデンを持つ邸宅風バンケット。バーカウンタースペースもある

4. 演出ゲストと

演出に登場するゲストに声をかける澁谷さん。出番が何時ごろなど、できるだけ不安を取り除き、リラックスしてもらえるようにと配慮する

5.6. ウエルカムグッズの確認

ウエルカムグッズをキレイに整える。この日はハワイや軽井沢でのウエディングフォトなども展示された

7. 親族撮影のためガーデンへ誘導

披露宴開演前に、親族の集合写真をガーデンで撮影。控室から出てきた親族を誘導

8.9. 親族記念写真

10. ウエルカムパーティー開始。新郎新婦ガーデン入場

親族記念写真のあと、友人・知人ゲストをガーデンに誘導し、ウエルカムパーティー開始。その冒頭、新郎新婦がガーデンのゲートから登場

11. 司会者との最終確認

ウエルカムパーティーのあと、確認すべきことを司会者と語り合う

12. ゲスト入場後、会場を見て回る

ガーデンからゲストがバンケットに入場。座席に着くゲストを見守る

13. 披露宴開始直前、キャプテンと時間を確認

入場予定時間を確認。スムーズな進行となるよう気を配る

14. 披露宴スタート

司会者の開会の辞から披露宴開幕。この日のゲストは70人ほどだった

15. 主賓スピーチ

スピーチは新郎側と新婦側から一人ずつ。その模様を見守る

16. 料理サービス開始

乾杯の発生の後、料理のサービスが開始された

17. 新婦お色直し退場に 備える

新婦中座の前に、ドア前に待機。サービススタッフとタイミングよくドアオープンできるよう連携を図る

18. 新婦退場　新婦のお色直し退場では、新婦の兄・弟さんがサプライズでエスコート

19. 一緒に退場したゲストを会場内に誘導

この後の進行などを説明しながら、ゲストを会場内に戻す

20. 新郎色直し退場

新郎の中座は、バーカウンターの扉から。演出効果を考えて、出入りする場所を変える工夫だ

21. 新郎新婦お色直し後、ガーデンに

お色直しの支度が整った新婦がガーデンで待機。この間もムービーなどの撮影が行われる

22. 撮影の模様を覗きに来たゲストのお子さんと

目ざとく新婦の姿を発見した親族のお子さんが写真を撮りに出てきた。やさしく対応する澁谷さん

23. ガーデンからの再入場前のレクチャー

キャプテンが再入場の仕方を新郎新婦にレクチャーする際も、プランナーは二人のそばに寄り添う

24. ドアオープン。再入場を見守る

再入場後には各卓にパンをサーブしながら回る演出。当たりのパンを引いたゲストには商品カードをプレゼント

25. デザートブッフェの準備

会場内でケーキ入刀の演出が行われている頃、ガーデンではデザートブッフェの準備が進められていた

26. デザートブッフェタイム開始

緑多いイギリス館の芝生の上で、自慢のスイーツを色とりどりに揃えゲストをもてなす時間

27. ゲストとのスナップフォトタイム

デザートを食べながら、新郎新婦とのフォトタイムも

28. 司会者・キャプテンと次の動きの確認

ガーデンに出てきた司会者とキャプテン。次の演出などについて確認をする

29. 演出に備えるゲストに

ガーデンでの余興演奏前、演出ゲストに流れを再度案内する澁谷さん

30. 新婦友人による管楽器生演奏

学生時代に音楽部に所属した新婦の友人たちによる管楽器の生演奏

31. サプライズ演出で新婦も加わってサックス演奏

新婦も飛び入り参加して一曲披露。学生時代に音楽指導した先生もその素敵な音色に聞き入っていた

32. 会場に戻ってそろそろ締めの挨拶タイム

会場内に戻って祝電披露や新婦から両親への手紙などの演出。ガーデンのブッフェ機材はスピーディーに撤収された

33. サービススタッフも送賓に備える

司会者からのお開きの辞に、送賓待機するサービススタッフ

35. 送賓の模様を見守る

支度の整ったゲストから順にガーデンに出て、新郎新婦と両親に挨拶する模様を見守る澁谷さん

34. 送賓前にキャプテンが締めのご挨拶

ガーデンに退場した新郎新婦と両親に、キャプテンが挨拶

36. 終了後の記念撮影

送賓が一段落したところで、最後のフォーマル撮影

37. 新郎新婦と記念の一枚を撮影

打ち合わせから当日まで３人でスクラムを組み、見事に思い出に残るウエディングを実現した満足感がその表情にあふれる

【ルーデンス立川ウエディングガーデンについて】
1997 年に誕生した日本のゲストハウスウエディング施設の第一号店。この施設に関わった企業や人物が、その後のゲストハウスビジネスの発展に大きな貢献をしたことでも知られる。イギリス館・イタリア館・フランス館の独立した３つの邸宅風バンケットとそれぞれの専用ガーデンを有し、新郎新婦に貸し切りで提供するスタイルは、まさにゲストハウスの原点といえる。機会があれば読者の皆様もぜひ見学に訪れてほしいものだ。

コラム

フリーランスウエディングプランナーとは何か？

最近では婚礼専門学校の進路指導の場で「いずれフリーランスになりたい」と語る学生も多くなっていると聞いた。「将来の選択肢が増えたことは喜ばしいことだが、独立起業でもあるフリーランスではたしてやっていけるのか?」と、先生方も悩みながらアドバイスされているそうだ。

フリーランスウエディングプランナーとは、個人事業主の立場でユーザーからの要望に応えて自由にウエディングをつくる仕事を行う人たちの総称だ。なにしろ個人経営なので、年間に受注できるキャパシティーも限られており、少ない人で5組から10組という人も珍しくない。ただ結婚式当日は、人脈を使ってアシスタントプランナーやその他のパートナースタッフが集結するのでプロデュースできるのである。

受注数が多くなれば法人化し、社員プランナーも雇うプロデュース会社となるが、実はそうした拡大路線の方向性で進む人ばかりではない。子育て中や、夫婦で土日はゆっくり過ごしたいという考え方=ワークライフバランスを取ながら年間の受注件数を絞ってプロデュースを行う人もいる。

また、会場プランナーの産休・育休などの都合で空いた枠を半年間や1年間と期間限定で埋めるジョブスタイルも現在では増えている。会場から独立して、ユーザーの要望の都度、新しい会場と交渉し、そこでウエディングを叶えるスタイルと、エリア内である程度、提携関係を結んだレストランなどを提示して、そこからユーザーに選んでもらうスタイル、そしてフリーランスでありながら期間中は一つの会場専属で働くスタイルなど、さまざまあって、「これこそがフリーランスウエディングプランナーだ」という決定版がない、つまり過渡期と言えるのが現状だ。

フリーランスウエディングプランナーの〝売り〟は、ユーザーが望めば、海岸だろうと山や公園だろうと、その土地の権利者と交渉し、その場所で結婚したいというユーザーの思いを叶えるところにある。これは小規模なプロデュース会社においても同様だ。また自由にプランニングし、ときには型破りともいえるオリジナリティーを発揮できるのも強みといえる。昨今流行っている、オートキャンプ場でのバーベキューウエディングや、浜辺でのシーサイド挙式、農場でのボタニカルウエディングや古民家を使用しての純和風ウエディングなどは、フリーランスや小規模プロデュース会社でしか手がけられない案件でもあるし、できるとわかれば、その潜在ニーズは相当数にのぼると思われる。

ただ注意してほしいのは、フリーランスで活躍できる人はひと握りの飛びぬけた才能を持つ方だけという点だ。またウエディングは一人でできるものではないため、その人のために喜んで働いてくれるカメラマンやサービスなどのスタッフとチームを組めることが必須である。したがって、専門学校の進路指導の先生ではないが、「まずは会場プランナーとして働いてみて、フリーランスとしての適正を判断してからでも遅くない」とのアドバイスが妥当だと思える。

第四章

現在と近未来の
ウエディングスタイルに
対応するために

いま支持されているスタイルは？

結婚式にはトレンドがある。どのようなスタイルがいまユーザーに支持され、今後はどのようになりそうか？　を考えることは商品開発・営業戦略上も重要なことだ。

まず首都圏の挙式スタイルでは、キリスト教式（教会式）が57・8％ともっとも多く選ばれている（P80「実施した挙式形式」参照）。２０１０年時点との比較では6ポイントほど下がっているが、これは人前式、神前式の支持がアップしているからだ。同様の比較では人前式が21・8％と5ポイント上昇、神前式が1・5ポイント上昇。全国平均ではキリスト教式が53・7％、人前式が26・6％、神前式が17％だ。日本のキリスト教信者の数は全人口の1％にも満たないため、今後の伸びはどうかだが、確実に言えることは、和風にも洋風にもアレンジが可能で、しかも宗教上の制約を受けないという点で、人前式にはまだまだ伸びしろがありそうだ。

一方、居住地や実家の地域だけでなく、国内リゾートや海外に出かけてウエディングを行うスタイルもある。海外ウエディングは実施した割合が首都圏では10・1％と２０１０年比較で倍となる5ポイントの増加（全国平均は7・4％）。また「少しは検討したが行わなかった」などを含めると約4割のユーザーが一度は検討していることがわかる（P80）。実施地域はハワイがダントトツで、首都圏では65・9％、全国平均では63・8％のカップルに選ばれている。次いでグアム（同14・1％、19・0％）、ヨーロッパ（同8・2％、6・3％）となっている。

国内の式場関係者と話をしていると「ハワイがうらやましい」との声が多く聞かれるようになったのも、最近の顕著な傾向だ。実数自体がそれほど伸びているわけではない、むしろ世界同時多発テロがあった2001年以前の過去に比べればいいとこ平行線かもしれないが、国内の厳しさに比べればはるかにましだし、催行人数増や現地で挙式後の会食を行うなど組単価アップなどの要因も含めて「うらやましい」となるのだ。実際、ジミ婚など省予算志向のユーザーは、まずハワイを検討し、難しそうなら国内リゾート、あるいは地元婚という順に検討していることは想像に難くない。また、現実にはご祝儀がほぼ期待できず（国内70人規模なら平均220万円のご祝儀）、客単価も旅費を含めれば超高級外資系ホテル並みとなるのだが、バジェット（予算）自体が170万円程度に収まることで、国内での披露宴・披露パーティーの費用平均である350万円と単純比較され、「ハワイは国内より安くすむ」との都市伝説が広まっているようだ。

かたや国内リゾートは、首都圏の実施者が5・6％、全国平均が4・5％である。実施地域は全国平均で軽井沢24・7％、沖縄37・5％、舞浜（千葉）9・1％、北海道10・8％。ユーザーの居住地では、首都圏で沖縄の25・5％より、軽井沢の29・8％という全国平均との逆転現象が興味深い。これは北陸新幹線開通というインフラ整備と、軽井沢エリアの企業や団体の営業努力によるものだろう。

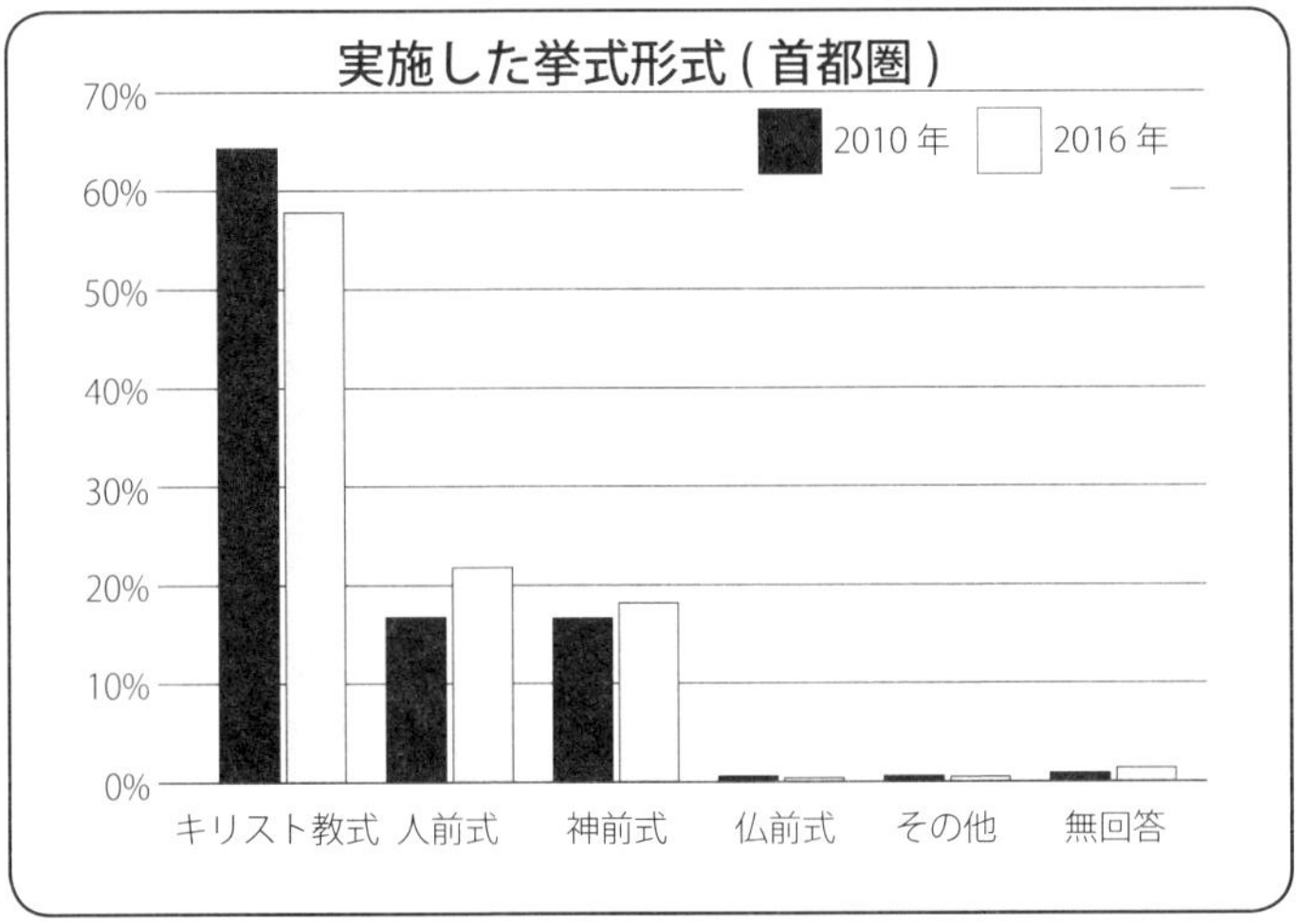

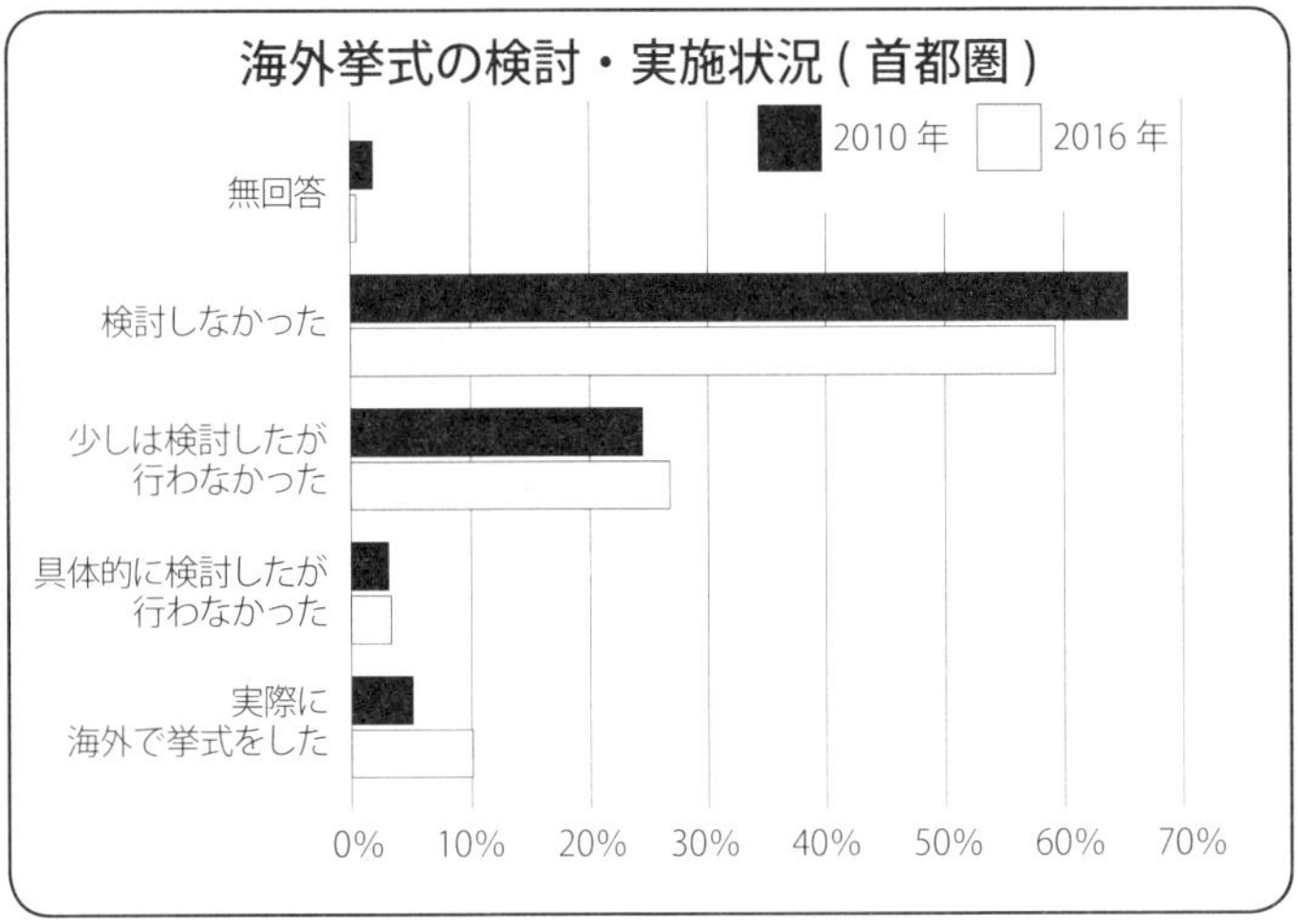

P78 ～ 79 のデータはいずれも「ゼクシィ結婚トレンド調査 2016」
（（株）リクルートマーケティングパートナーズ）より

バンケット以外の場所を選択するケースも

トピックスとしてお伝えしたいのは近年、一般式場・ホテル・ゲストハウスなどのウエディングのためのバンケットルーム（宴会場）、あるいはレストランや料亭のようなダイニングルームを持たない、フリースペースでのウエディングが増加の兆しを見せていることだ。これもユーザー多様化を表わすティピカルな事例だが、ＳＮＳを中心に拡散を続けており、今後の動向には注目しておく必要がある。

まずナチュラル、カジュアルのキーワードから最近目につくようになっているのが「グランピング」である。これはグラマラス（魅力的な）とキャンピングを合わせた造語だが、いまの若者たちは浜辺やキャンプ場でのバーベキューパーティーを好む。そこから「グランピングウエディング」という新たなスタイルも支持されるのである。また自然に囲まれた立地でのガーデンウエディングは、ホワイトドレスを着た新婦の絶好のフォトスポットであることも大きい。農園でのウエディングも、自然派志向という点で同じ系統に属する。前日までに新郎新婦が収穫した野菜などでシェフが料理を作り、ゲストには果樹園などでフルーツの採取などを楽しんでもらうことができる。

二人の思い出の場所であれば、どこでも出張し、そこで挙式とフォトツアーを行うといったサービスも始まっている。例えば浜辺や地元の公園、廃校となった小学校や自宅なども対象となる。こうした屋外でのウエディングには、天候や夏場は虫などの要素、あとはトイレや着替えスペースなどの課題もあるが、その場所でのウエディングに価値を見出しているユーザーにとっては、乗り越えるべきハードルととらえられているようだ。

その他では、列車内でのウエディング＝ブライダルトレインもサービを実施する鉄道会社が増えた。鉄男・鉄女のカップルにとっては、価値ある記念日となるため、一定の需要は見込めることから今後も婚礼に開放される路線が増えることだろう。

教会式（キリスト教式）で知っておくべきこと

教会式（キリスト教式）は、現在の日本でもっともポピュラーな挙式スタイルだ。その数は全国で6割以上とされる。しかしながら日本のキリスト教徒はカトリックとプロテスタントを合わせても百万人程度で、人口の1％にも満たない。近年の婚礼人口は執筆時点62万1000組（2016年　人口動態統計）と124万人いるなかで6割であれば、毎年70万人ずつ信者が増えなければならない計算となるが、現実はそうなっていないのはいかがなものだろうか？

日本は、無宗教の国といわれている。この世に生まれると神社へ行き、結婚式はキリスト教スタイルで行い、死ぬと仏式でお葬式を執り行う。また正月は初詣、夏はお盆、年末はクリスマスと、異なった宗教儀式を年中取り入れたりしていることから、無宗教といわれるのかもしれない。確かにこのような複数の宗教を、人生の重要な儀式に取り入れている民俗は世界を見回してもそう多くないだろう。しかし、これからブライダルのプロフェッショナルを目指す人たちなら、中東やヨーロッパなど、宗教が原因で多く紛争・戦争が起きている世界の現実も、しっかりと理解しておきたいものである。

日本では地域の実施率が7割を超えた時期もある教会式であるが、その起源は西暦BCの紀元前にさかのぼる。ＢＣとは「ビフォー・クライスト」の略で〝キリスト降臨以前〟という意味である。聖書（新約）の中には、花嫁衣裳のベール、指輪、祝福の祈り、祝宴などは記されているが、定まった挙式スタイルがなかったため、ユダヤ教やローマ人の当時の風習を取り入れ、徐々にそのスタイルを確立していった。中世になり、教会での結婚式が盛んになると、教皇から挙式の執行権を与えられ、民法への配慮などからまず儀式の最初に結婚の公告を行うことになる。そして、ふたりの結婚の合意を確認、指輪の交換、誓いの言葉、祝福の祈りという、現代に繋がるスタイルが確立する。

キリスト教には宗派があり、その大きなものはプロテスタントとカトリック。他にギリシア正教などもあり、分派も含めれば相当な数に上る。国によって、宗派によって儀式の内容は異なるのだが、日本における2大宗派プロテスタントとカトリックについてより詳しく知っておきたい。このふたつは偶像崇拝をするか否かの違いなど、いくつかの差異がある。日本人から見ればそれほどの差異は感じないが、実際には大いなる違いがあり現にカトリック系武装組織ＩＲＡ（アイルランド共和国軍）がプロテスタント系組織と争う事件も世界では起こっている。間違っても外国人神父に両者はほぼ同じようなもの、などの失言をしないよう気をつけたい。

プロテスタントは、偶像崇拝を認めないので、式場はカトリックと比べると簡素。教会の牧師が司式者となり、祝福の言葉を受けるとき、新郎新婦は恵みの座とも呼ばれる聖壇前の場所にひざまずくのが特徴。新郎新婦が入退場するバージンロードは白い布が決まりである。カトリックでは、新郎がまず司祭（神父）とあらかじめ入場しておき、その後、父親にエスコートされた新婦がリングボーイ、フラワーガールに導かれて入場。けんらん絢爛たる意匠が随所に施された堂内を荘厳な雰囲気に包まれてしずしずと歩むので、演出効果も素晴らしい。しかし、現在の日本の結婚式場のチャペルは両方の良い点をミックスして採り入れているところも多いようだ。

教会式の式次第は流派によって多少の違いはあるが、プロテスタントではおよそ以下のようなものである。

列席者入場↓開会の辞↓新郎の入場↓新婦の入場↓讃美歌斉唱↓聖書朗読・祈祷↓誓約↓指輪の交換↓結婚宣言↓結婚証明書にサイン↓結婚の成立の報告↓閉式の辞↓新郎新婦退場↓フラワーシャワーなど。

ホテルや結婚式場で行われる式と本物の教会で行われる式では、いくつかの違いがある。まず教会は、本来は信者の祈りの場であって、結婚式場ではないということ（この点を勘違いしてフリーランスプランナーが牧師や神父に怒られることもしばしば）。したがってバージンロード（ウエディングロード）というものも本来、存在しない。単なる中央通路アイル（ａ·ｉｓｌｅ）である。

またホテル・結婚式場で司式する牧師も、日本基督教団、日本聖公会などの教会区に属する正式な牧師と、無認証牧師（教会区に属するボランティア）、あるいはまったく団体や教会区に属さない牧師などさまざま。「結婚式は布教の一端」ととらえる教会や牧師は、結婚講座など挙式前にキリストの教えを伝えることを重視している。

そうした宗教へのリスペクト、あくまでも本質を踏まえたうえでという話になるが、挙式スタイルとしてはキリスト教国アメリカでもかなり自由な形でセレモニーが行われており、新郎新婦の好みのヒットソングを入退場の際に流すなど、むしろ日本の挙式はオーソドックスにより過ぎているという声もある。

また大正時代や昭和初期の日本の教会で結婚式を挙げた花嫁の写真をみると、新婦は角隠しに打ち掛け姿で、新郎は洋装である。教会の牧師、神父は角隠しがベールの役割を果たすと認めたのであろう。教会式での和装は、確かに現代の華美なチャペルでは浮くかもしれないが、その昔はぴったりと時代にマッチしていたことがわかる。

新郎新婦にキリスト教を理解し、その信者となるよう導く会場であれば、牧師や神父も、そうしたさまざまな協力をしてくれることだろう。

神前式・和婚の知っておくべきこと

明治33（1900）年、時の皇太子（後の大正天皇）の結婚の儀を契機に翌年、日比谷大神宮（現・東京大神宮）で誕生して以降、普及してきた神前結婚式。昭和40年代（1965〜74年）には6割前後までが神前式だったが、平成の初期になると流行し出した教会式に押され、現在では2割以下に減ってしまっている。しかしこの減少部分は、ホテルや専門式場の館内で行われる神前式場により影響が大きく出ていて、神社での挙式数にさほど変動はない。これは長い歴史と伝統を持つ神社に対する神聖なイメージに加え、独特の行列を作って挙式場に向かう〝参進〟などのスタイルが、古き良き日本情緒を感じさせてくれるせいでもあるだろう。ただ時代もひと回りし、和装・和婚が新鮮に映るいまの世代の新婦には再び注目を浴びており、ホテル・式場サイドでも、著名神社との提携など以前とは違ったビジネス設計によりこの方面のユーザーにアプローチしている。

神社の祭神には、大国主神（おおくにぬしのみこと）や天照大御神（あまてらすおおみかみ）など神話の世界の神々が祭られ、その祭神に二人の結婚を願い奉り、聞き届けてもらうというのが神前結婚式の主旨である。その昔、まだ自宅で式を挙げていた時代には、家の床の間に松を置き、伊耶那岐命（いざなぎのみこと）、伊耶那美命（いざなみのみこと）の男女二神の降臨をお待ちしたのは、この二神が国造りの神とする神話に基づく。天照大御神はいまふうにいえば二神の子供であり、大国主神は天照の親戚筋にあたる。このあたり、自分で古事記などを調べるのは大変だろうから、一度神社の神職に神々の系譜などをたずねてみると良い。映画『スター・ウォーズ』顔負けの壮大でロマンチックな話が聞けるだろう

さて、神前結婚式といえば、花嫁衣裳は白無垢に綿帽子、あるいは角隠しであるが、これは神職がかぶる冠やえぼし烏帽子と同じように、神の前に出る際のかぶりものとされる。司式を執り行う神主は斎主（さいしゅ）と呼ばれ、厳粛な雰囲気の中で式は進行する。

式次第は、修祓（しゅうばつ。おはらいの意）→祝詞奏上（のりとそうじょう。祭神への崇敬と良き日を迎えられた感謝を表わす）→三献の儀（三三九度）→誓詞（誓いの言葉）→指輪の交換→玉串奉奠（たまぐしほうてん。誓いを玉串にのせて祭神に報告）→両家の親族紹介から固めの盃――と、進むわけである。

わが国においてロイヤルウエディングといえば、皇室神が天照大御神であるため、必然的に神前結婚式となる。例えば今上天皇・皇后の御結婚式には結婚ブームが起こったし、秋篠宮さま・紀子さまのご成婚時の1990年には、十二単ブームが起こり、全国の結婚式場には十二単のオーダーがかなりあった。皇太子・雅子さまのご成婚では、オープンカーでのパレードがカッコイイと、チャペルから披露宴会場の本館までをオープンカーで移動するプランを企画した公共会館もあっ

た。さらに紀宮さまのご成婚では、帝国ホテル館内の特別な神殿に両陛下が参列されるというエポックな出来事もあった。

神前式が再び注目されると同時に、日本伝統の結婚式のスタイルである「和婚」も人気を集めるようになった。西洋風のデザイン一辺倒だったゲストハウス系企業の会場もそのユーザー動向に対応するため、現在では和のテーストを洋風とうまく融合させた会場を造るようになっている。和婚において挙式は特に神前式に限るわけではない。和風人前式や仏前式、和風教会式というスタイルもあるのだ。和風人前式では、祝言スタイル、茶婚式などがある。ただ人前式については次ページで詳しく紹介しているため、ここではそれ以外の和婚について述べておこう。

仏教では縁（えにし）をとても大切にしている。「袖すり合うも他生の縁」という言葉があるとおり、悠久の時の流れ中で出会ったふたりが奇遇にも結婚することは、運命であり宿縁であるとする。仏前で結婚するのは、仏さまやご先祖さまに報告する意義を持ち、これから新家庭をこんな素晴らしい人と一緒に築いていきますという誓いなのだ。儀式では仏さまに祈願する文章＝表白文（ひょうびゃくもん）の奉読や、新郎新婦に白・赤の房のついた数珠を司婚者である僧侶が授ける念珠授与などが特色となっているが、宗派によって内容はかなり異なる。

一方、和風教会式とは、明治や大正の時代に日本人クリスチャンが結婚した際のように、新郎はモーニングや羽織袴、新婦は着物（黒引き振袖や白無垢）で臨むスタイル。古くから続く教会や、仮設の祭壇を設営したオリジナル教会式などでは、明治・大正ロマンあふれる風情あるセレモニーになる。また、茶婚式は、神前式や祝言などの進行をベースに点てた茶で固めの盃を交わし、列席者にも感謝とおもてなしの気持ちを込めて茶を献じる人前式。現在ではかなり普及したスタイルだ。

披露宴のメインテーブルの背景に金屏風を置くことが一時、ユーザーから疎まれた時期もあったが、和婚においてもっともマッチングするバックパネルは、やはり日本伝統の金屏風。まるっきり洋風の会場であっても、金屏風があるだけで和婚の雰囲気を醸し出すことができる貴重なアイテムでもある。また和婚といえば、日本人の民族衣裳である着物はもっとも重要なアイテムの一つだ。写真撮影のポーズづけや優雅に見せる所作などは、やはり専門家について学ぶ必要がある。現在は形を崩したスタイルが若い女性に人気だが、それだけに基本を知っていることがプロには求められているのである。衣裳担当者はもちろん、写真・映像や美容スタッフも機会をつくってぜひ学んでおきたい。

人前式で知っておくべきこと

近ごろでは普段、無宗教の二人が「挙式のときだけ信者になるのはどうも…」ということで人前式（じんぜんしき　ひとまえしき）がかなり選ばれるようになってきている。選択理由の一つは、特定の宗教を持たないということにあるのは間違いないが、そのほかにも自由な形式で希望に添ったオリジナルセレモニーが叶うという点にも、いまの新郎新婦は魅力を感じているようだ。

人前式のルーツは、各家庭で結婚式を行っていた時代（〜昭和30年代まで）、あるいは遠くは室町時代あたりに求めることもできる。家の床の間を祭壇として使用した例は前項でも紹介したが、これから和婚の人前式を多く手がけるプランナーは一度、詳しくその源流を学ぶことが必要だろう。祭事と直会（なおらい）の区別が大切であることなど、専門書にはくわしく書かれている。

さて、現代の人前式は洋風・和風、それ以外のカジュアルな形とスタイルは本当に自由だ。セレモニーの骨格となる重要な儀式すら、本来自由なものであるべきで、どうしなければならないなどという決まりはない。そこに人前式の魅力がある。しかし完全オーダーメイドを売り物にする外資系ホテルの婚礼料理のように、何の決まりもないとなると、かえって不安になるのが人間という社会動物のさがだ。教会式のバイブルでもある聖書には、花嫁衣裳のベール、指輪、祝福の祈りなど限られたことしか記されていないが、その後の分厚いヨーロッパ文明によって、現在のスタイリッシュなスタイルが確立したことを思い出してほしい。

人前式で最低限、必要と思われる要素は、しいて挙げるとすれば、二人が結婚を誓う「誓約」、二人が夫婦となった結果「結婚の成立」があり、そして第三者の立会人による「結婚の承認」、さらに日本古来の祝言の文化から「盃事」も欠かせないだろう。本来、自由なところが魅力である人前式に、あまり規則やルールを持ち込むと、肝心の若い新郎新婦にそっぽを向かれてしまう。しかし、儀式としてそれなりに重きを持たせたい。そんなとき、これら4つの要素を満たしていれば、となるのである。もちろん、このほかに指輪の交換や、結婚証明書へのサイン、特別ゲストによる祝いの歌披露などがあってもいい。まさに自由であり、その二人ならではのオリジナリティーをどのように形に表わしつつ、列席者にも受け容れられるか？　を考えることとなる。

したがって教会式、人前式、仏前式など、決まったスタイルがあるセレモニーと異なり、人前式はプランナーの才能とセンスがもっとも要求される挙式スタイルであるともいえるだろう。

また宗教の挙式は、「神」「祭神」「仏」に二人の結婚を誓い、報告するわけだが、人前式のベクトルは「人」に向いているという違いがある。そのため、まず「誰に対して誓うのか？」が重要だ。「人」には臨席している両親や祖父母、二人の親友やその場の列席者全員などもあれば、すでに天国の住人となった父親や親友というケースもある。したがって「誰に対して誓うのか？」を固めることがプランニングのファーストアクションとなる。

次に会場はどうするか？　現在は十字架を取り外せるタイプのチャペルも多くなっているが、もちろん二人がそこで納得しているので既存のセレモニースペースを使用することで問題ない。しかしのちの披露パーティーとあわせて、トータルテーマを決めているケースでは、新たにガーデンやパブリックスペース、バンケットなどの選択肢もある。地方の海沿いの施設で、好天であればビーチでも構わないのが人前式のフレキシビリティーというものだ。現に、披露パーティーをバーベキューパーティーにしたカップルや、イチゴ・ブドウ農園をパーティー会場に選ぶカップルもいるご時世だ。会場のプランナーは、そうした外の世界でフリーランスプランナーが行っている自由度の高いウエディングに対抗し、自会場内のフォトスポットなどを使用して、チャレンジしていくことが求められている。

確かに既存のチャペルを使用した人前式は、設営の手間もなく、利益効率も良い。そしてすでに確立されたスタイルである教会式をちょっとだけアレンジした人前式であれば、社内スタッフも、カップルの両親も安心することだろう。しかしそれでは人前式の自由度を１００％使い切ったとは言えないのではなかろうか？

人前式はプランナーやその会場のポテンシャルがもっとも要求される挙式スタイルであることが、以上のことからもわかるだろう。各会場で一人前となったプランナーが顧客満足と自社ポテンシャルのさらなる向上のために、積極的にオリジナルの人前式にチャレンジしてほしいものだ。

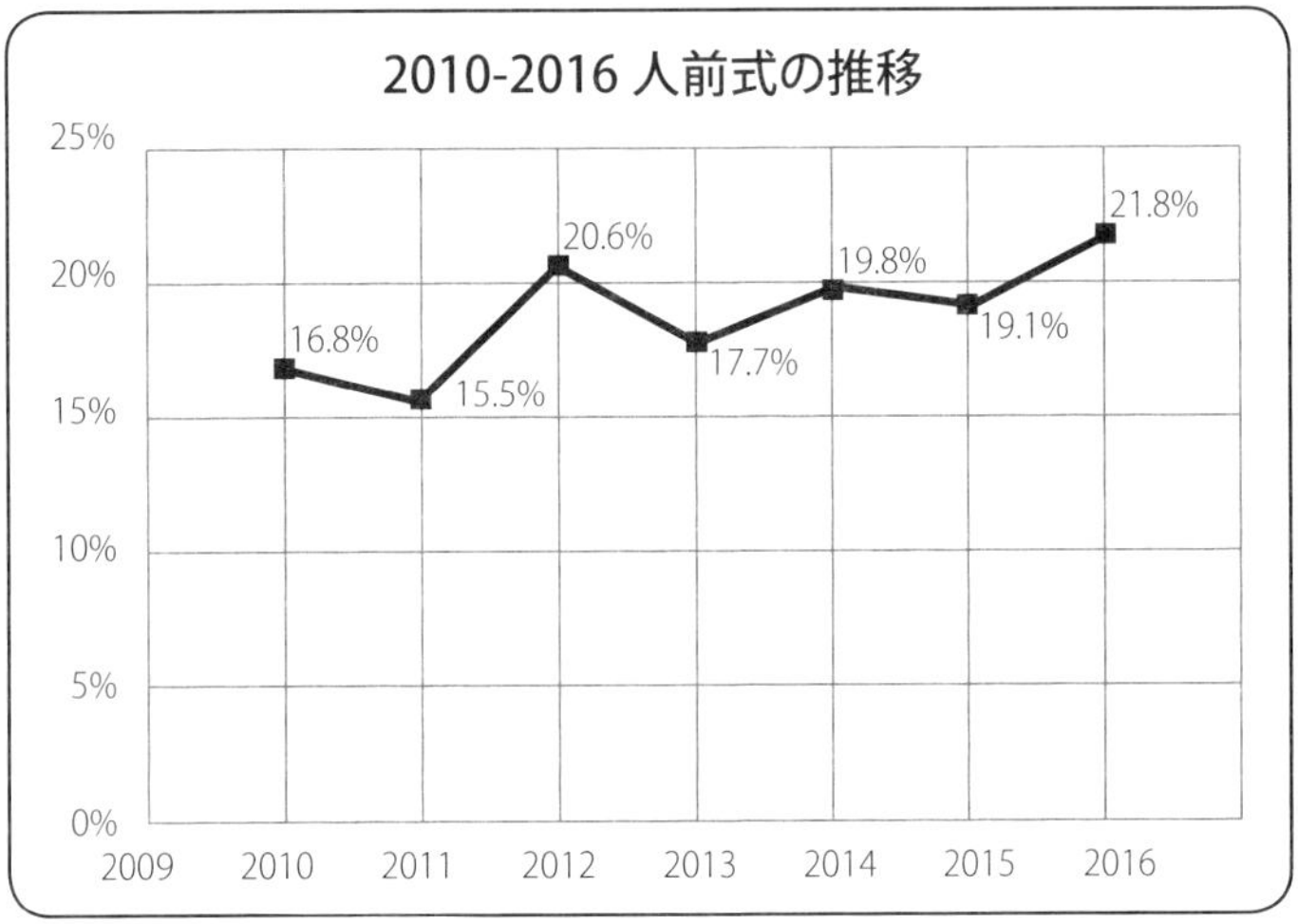

「ゼクシィ結婚トレンド調査 2016」
（（株）リクルートマーケティングパートナーズ）より

コラム

業界への就活で気をつけるべきポイント

就活においては氷河期を抜けて、現在は売り手市場となっている。例えば2016年11月時点で2017年春に卒業予定の大学生の就職内定率は71・2％（厚生労働省・文部科学省調査より）。前年の同じ時期を4・7ポイント上回っている。しかもこの数値は調査が始まった1996年以来、過去2番目に高い水準だ。

このように就活学生には追い風が吹いている現状だが、就活時期においては経団連の指針によって2016年度入社予定者以降、採用選考活動の開始時期をこれまでより4カ月繰り下げる指針が示され、上場企業を中心にこの方針に従っている。すなわちエントリー・企業説明会は3月から7月、面接・試験は6月から9月、内定出しは10月というスケジュールだ。ただウエディング業界は経団連に所属する企業も少なく、おおむねその精神を汲んだうえで、3月から翌年春採用の採用を開始するケースが多いようだ。

ウエディング業界への就活で有利なのは、やはり即戦力性。そのため現場に入ってすぐに力を発揮できるようシラバス（授業内容）を整えている専門学校の卒業生は有利だ。また大学生でも履修科目としてウエディングの講義が行われている大学も多少は有利といえるだろう。本気でウエディングの職に就きたい学生のなかには、大学に通いながらダブルスクールで専門学校に夜間通う学生もいる。

ただ大手の企業に関しては、目先のスキルよりも、その人材の将来性などをより重視する傾向にある。ホスピタリティーの資質はもちろん、チームの中で協調性も保ちながら力を発揮できる人かどうかなどを面接官は重視しているようだ。

以上がウエディング業界就活の基本的な方向性であるが、２００４年オータパブリケイションズで「ブライダル業界就職ガイド」を立ち上げた筆者としては、前述したこと以上に大切なことがまだまだあると考えている。

その一つに、女子学生であれば、出産後も復帰してバリバリ働いている先輩＝将来の自分がめざすべきロールモデルがどれだけ社内にいるか？　ということだ。また男子学生であれば、イクメンの先輩がどれだけいるか？　おめでた婚が25％、パパママ婚も多くなったウエディング業界では、そうした私生活の経験が接客に生かせる現場となっている。ＣＳ（お客様満足）はまずＥＳ（従業員満足）から。自分が満足できず幸せ感も持てないのに、赤の他人を幸せにできるはずがないのである。

だからしっかりとチェックしなければならないのは、その企業の職場環境や働き方の多様性なのだと思う。

第五章

新規営業と打ち合わせ接客のテクニック

企業の売上の鍵を握る新規プランナー

ウエディング企業はサービス業でもあるので、接客営業の結果が事業売上の大きな割合を占める。その営業行為のなかでも、新しいユーザーを獲得する新規営業は、企業にとってもっとも重要な部門といえるだろう。

現在、多くの企業で採用されている営業体制は新規営業チームと打ち合わせチーム、新規・打ち合わせを兼ねるチームの3部構成だ。このうち新規チームに所属するスタッフは、マーケティングやセールスなどの社内の肩書きが付与されている。

新規営業プランナーの仕事内容は、極論すればひと組でも多くの成約を勝ち取ること。すなわち、式場の下見に訪れたカップルに、自会場と自分をいかに気に入ってもらい、その商品の購入を決断してもらえるか? にある。当然、そこには営業スキルが必須となる。

サービス営業の分野でよく持ち出されるのが「メラビアンの法則」だ。これは人の第一印象がどれほどユーザーに影響を与えているかという心理学からのアプローチ。アメリカの心理学者アルバート・メラビアンが1971年に提唱した概念で、人の第一印象は初めて会った時の3秒から5秒の間に決定されてしまうというものだ。初対面の人物を認識する割合は、見た目や表情、所作などの視覚から得られる情報が55％。また声の質や話し方の速度、声のトーンやその大小などの聴覚から得られる情報が38％。そして会話の内容などはわずかに7％といわれている。このとから、自会場がどんなに優れた施設であっても、新規担当のプランナーが多忙のせいかくたびれた印象であり、セールストークばかりであれば、新規ユーザーの〝お気に入り〟となることはかなり難しい。反対に、溌剌としていて、そのくせていねいで親しみやすく、姿や形も「イケてる‼」と思われれば、会場自体に競争力はあまりなくても、見事に申込書にサイン＝成約に至るのが現実だ。

つまり、最初の見た目が、きわめて重要だということなのだ。

そのことを理解している売上トップの新規担当プランナーは、毎朝、自分の表情をチェックする。口角を上げる表情を習慣づけており、さらにユニフォーム姿にも髪型などで自己流のアピールを行い、なによりも清潔感にこだわっている。また下見の予約ユーザーに対しては、会場のエントランス前で待ちかまえる瞬間をもっとも大切にし、どのような自分であれば第一印象がよくなるかを研究し尽くしている。これが新規営業に必要な最初のスキルだ。きちんと名前を名乗り、「このたびはおめでとうございます」の祝意を伝えることも各会場ではもはやルーティンの挨拶となっている。

婚礼サロンに移動してからは、もっぱら二人の緊張をときほぐすことに注力する。初めて訪れる場所であり、人は未知の空間に対して自然に警戒感を抱くものだからだ。多くの優れたプランナーは、ここまでの時点で、二人をするどく観察している。新婦が紙袋を持っていれば、どこに立ち寄って来たか？ がわかるし、ワンピース姿であれば妊娠の可能性も考慮する、という具合だ。

オープニングトークは、それらの観察から、それとなく「○○なんですね」という問いかけから入るのがセオリー。そして雑談。これが重要だ。新郎新婦に式場の下見行為自体を楽しんでもらおうという意識で臨む。いきなり「うちでは○○で」とセールスめいたトークを始めるのはご法度だ。それだとユーザーは警戒感を抱いたまま、この会場の説明を受けることとなるからである。

またユーザーの次の予定を先に聞き取っておくことも重要だ。現在では下見の数は5会場から3会場平均となっているが、せっかくの土日を潰して式場見学に来ている二人だから、次にどこに何時に行くか？ を聞くことは、ユーザーにとっても安心材料となる。そうしたことから、営業は限られた時間となる場合が多い。それでもなお、ユーザーがあやふやでもどんな希望をもって結婚式を行おうとしているのか？ なぜ？ という点についてヒアリングしなければ、その二人に気に入ってもらえる提案ができない。おおかた二人の希望を引き出したうえで、「それでしたら当会場は…」と切り出すのが得策だろう。

また、新規営業には会場案内が必須だ。サロンでちょっと前振りをしておき、チャペルやガーデンなど実際の場で、「当日、ここではこういう動きとなります」というリアルな情報を与える。そして二人の反応を見ながら、気に入ってもらえているようならば、そこでセールストークをさく裂させるのである。サロンは前振りや温めの場、現場でリアルに営業トークするのが現在のゲストハウス系会場の新規案内である。さらにゲストハウス系会場では、手の空いているスタッフが裏で待機し、チャペルではサプライズのフラワーシャワー、バンケットでは面白いパフォーマンス演出などを行うことが恒例となっている。これが新規担当プランナーの頑張りを後押しするのだ。

新規接客では、見積もりも大切な要素となる。ユーザーには限られた予算があり、その折り合いによっては自会場での実施は難しい場合もある。そこで「どのくらいの予算をお考えですか?」という質問は必須のものとなる。ただ招待人数も不明確な段階で、フォーマット通りの見積もり書を出す意味は、10年前ほどはないのではなかろうか?というのも、親族だけの10数名と考えて下見に訪れたユーザーが、プランナーが深堀してヒアリングした結果、「やっぱり友人や会社の同僚たちも招きます」と、いきなり60人規模にふくれあがるケースもあるからだ。

新規営業では組数が一つの重要な指標ではあるが、ゲスト人数が多ければ多いほど売上は大きいということを理解しているプランナーは、「招待状を送った送らないで、結婚式後にお二人が困ることのないように」などと、ゲスト人数増のためにもヒアリングを重視し、少人数希望であっても、まずそこを攻めている。「あなたがいたから申し込んだ」とカップルからいわれるように、新規営業はやればやるほど深い世界に導かれ、やり甲斐も大きい役割だ。人間だから好不調の波は当然あるが、新規で活躍できるプランナーは、間違いなく会社から愛される存在となるのは間違いないだろう。

打ち合わせ担当プランナーの仕事とは？

新規営業を担当するプランナーからお客様を引き継ぎ、机上のプランを現実世界に形にするのが打ち合わせ担当プランナーの仕事。もともとプランナーの仕事は集客から営業接客、打ち合わせから当日の披露パーティーまでをトータルで担うものだったが、複数のバンケットを抱える大きな会場やホテルでは、到底1人ではそれらの業務がまかないきれないということで、新規営業とは別に打ち合わせ接客専任者が必要となった。そのために設けられたのが打ち合わせ担当プランナーだ。

新規からの引き継ぎは、直近のお急ぎ婚でない限り、多くの会場で当日の4～5か月前。以前は判で押したように全社3か月前だったのだが、ユーザー満足の追求のために現在は前倒しして始められるようになっている。また、成約時（申込時）と違うプランナーが担当すること自体、ユーザーのテンションを下げてしまうことから、最近では成約時に、後に引き継ぐ予定の打ち合わせ担当プランナーと引き合わせる企業もある。その場合は、引き継ぎ時にも新規担当者が同席し、よりスムーズなバトンタッチとなるよう気を配っているようだ。

成約に至ったウエディングの概要と予算、そしてユーザー情報など引き継ぐ内容は社内ネットによるデジタルファイルの形で行われるのが一般的。また問い合わせ等があればすぐに目を通せるように、紙の形でも新規から打ち合わせにファイルが引き継がれる会場もある。ただ最近は業務支援システムによる顧客管理が主流となっており、社内システム上でユーザーのデータは成約時から共有されるのが当たり前となっている。

打ち合わせ担当プランナーの最初の仕事は、成約時の内容確認とその後に、新居に移ったなど主要データに変更などがなかったかどうか？　の確認だ。そこに問題がなければ、当日までの今後のスケジュールの説明や、準備のために具体的に何をすればいいかの伝達など。さらに招待状の送付と、それに関連してゲスト人数の決定という重要な仕事が控えている。

ただ、〝仏つくって魂入れず〟になってはユーザーの期待を裏切ることになる。招待状の発送などは確かに重要な事務的仕事だが、「すでに打ち合わせから結婚式は始まっている」との考え方をベースにすれば「打ち合わせ自体が楽しい」という状況を作りだすことが求められているのが現在のウエディングだ。本来は「式場探しから結婚式が始まっている」というのが正しいのだが、現実問題としてなかなかそこまで徹底できるものではない。だから少なくとも打ち合わせ起点で、「結婚式の打ち合わせってこんなに楽しかったのか！」と二人に思ってもらうことが大切だろう。そして打ち合わせを重ねるごとに二人のテンションも上がっていき、当日にさらに上がる状況を有力企業はめざしている。

さて、冒頭でも述べたが成約時には新規プランナーが二人の希望に添ったアバウトな内容とテーマをまとめていて、それを実現するのが打ち合わせプランナーの仕事だ。目の前の二人がどんなところを気に入って成約に至ったのか？　を確認して、その方向性で内容とテーマを発展させていくこととなる。テーマが決まっている場合でも同様で、例えば料理は新規向けの試食会を通じて決定しているケースもある。未決定であれば、成約者向けの試食会への案内が必要だ。テーマはある程度決まっているが、アバウトすぎるという場合は、改めて二人と話をして、その方向性を定めるために、じっくりと掘り下げていく。ただその手法はベテランプランナーになればさまざまで、二人が最もこだわるポイントを発見し、そこからどんどん発想を拡大していくプランナーも存在する。新人時代は別として、要はセンスとプランナー本人の流儀によると言っていいだろう。

結婚式に前向きな二人か、そうではないかの見極めも重要だ。前向きなカップルであれば、どんどん魅力あるウエディングの世界に引き込んでいくべきだし、ためらいや躊躇があるカップルには、それを解きほぐす時間も必要となる。新規営業ではなかなか伝えられない傾向にある、結婚式をする意義や価値、そして過去のけっして前向きではなかったカップルが終宴後に涙を流して感動したなどの事例も、押しつけにならない程度に会話の中で紹介し、自然な形でウエディングに向かう姿勢になるよう導いていくのも、ある意味、打ち合わせプランナーにかせられた仕事と言えるだろう。

また新規営業よりも、実際の会場コーディネートや空間デザインなどに関して、高いレベルのスキルと経験が求められるのが打ち合わせプランナーだ。そのために、日ごろから現在人気を集めているコーディネートや演出などをインプットしておく必要がある。海外の最新ウエディングトレンドや、ウエディング以外の流行にも敏感であることが、お客さまを満足させるためには必須とされている。多忙な毎日のなかで日々勉強が欠かせないという点では、実にハードだが、そうしたことが好きであればけっして苦ではなく、むしろ楽しいと思える人こそ向いているポジション・役割と言えるだろう。

新郎新婦と数か月の間、最も濃密に過ごす打ち合わせプランナーは、顧客の記憶にも残りやすい。素晴らしいウエディングを提供できれば、その後も、二人が子ども連れで「近くまで来たので○○さんの顔を見たくなった」などと訪れることもある。それはプランナーにとっても喜びであり、同じ素敵な時間を共につくりあげた〝同志〟や友人として、結婚式後も人間関係を長く続けてほしいものだ。営業目線ではその二人から新たなユーザーが紹介されることもあり、また一人のビジネスパーソンとしても、リピートしてくれる二人の存在が心の支えとなるケースも多い。

そこから翻って、「式後は友人」というスタンスで臨むのが、顧客満足にこだわる会場で推奨される姿勢なのである。

ヒアリング・プランニング・コーディネートについて

新規接客、打ち合わせ、当日のアテンダーなど、プランナーの肩書きがつく人に求められるすべての人にとって重要なスキル、それがヒアリング・プランニング・コーディネートの3つだ。ヒアリングとは新郎新婦の話を聞くこと。聞きだしたユーザー情報のなかで、特に大切だと思われる事項をウエディング全体のプランニングに生かし、さらに具体的な形に表わすのがコーディネートだ。その最初の大切な情報入手の段階にあるため、ヒアリングは「引き出し接客」とも呼ばれている。またいずれの段階においても、対顧客においては不安を取り除くカウンセリングと、目的達成を手助けするコンサルティングの要素も適宜必要となる。

まずヒアリングは新規接客だけでなく、打ち合わせ接客でも行われる。というのも新規の際には下見した二人が次に他の会場への予約があるためあまり深く話し込めなかった、あるいは成約後しばらく時間の経過があるため二人の意向が変わっているかもしれない、などの理由から具体的な打ち合わせに入る際に今一度、ヒアリングを行うのだ。

ヒアリングすべきことは実に多岐にわたるが、目的として「いい結婚式」を提供するために行う行為であるから、それにつながりそうな重要なことは聞き洩らさないように最大限注意する。

また当人たちですら気づいていない重要なこともあるので、そのためにヒアリングではできるだけいろいろな方面から話題をふり、それを引き出そうと試みる。

実際、新規プランナーに聞いてみると、まずはアイスブレーク（氷を解かす）と呼ばれる雑談から入るケースが多いようだ。雑談といってもさまざまあるので、その二人が最も興味・関心を示しそうな話題であることが望ましい。新規来館アンケートで見つけられなければ、二人の姿・恰好をよくウォッチングして、買い物袋を持っていれば「どこのデパートに立ち寄ったのか？」、あるいは「ひょっとして新婦はバッグなどにマタニティーマークをつけていないだろうか？」という具合だ。何もなければ聞いてみればいい。「今日はお車でいらっしゃったのでしょうか？」、「もうお昼ご飯は食べられましたか？」など。新郎新婦が結婚式場を選ぶ際に重視するのは、交通アクセスと料理、予算と続くが、来館経路や食事の話題は、それとなくこの選択重視ポイントにふれることにもなる。またこのあと、二人と自然に会話が始められるかどうかは、この雑談にかかっているので、楽しく話せる内容がベストだ。同時に、その話題についていけるよう、プランナーは若い二人が興味を持ちそうな趣味、スポーツ、ファッション、映画などのコンテンツについて日ごろから最新のネタに触れておくことが重要となる。

新規接客では、自社の紹介もしなければならない。けれどもあまりにも「当館では○○でして」ばかりだと、「私たちの話を聞いてくれない」とカップルは不満に思うものなので、その割合に注意したい。そうしてヒアリングを行う中で「ここだ‼」とひらめいたポイント、あるいは二人の反応が大きかったポイントを深堀りしていくのである。

プランニングにおいて最初の段階は、その新郎新婦とゲストだけのことを考えて、既成概念を取っ払って自由に発想すべきだ。その後に会場ごとの規定や縛りなどでどうしても制限されるけれども、最初から縮こまってはとても顧客満足は望めないからだ。そうして「どうしてもこの点だけは叶えたい、叶えてあげたい」ポイントがあれば、そこはぜひ前向きに取り組んでほしい。

またプランニングにおいても、ウエディングに限らず、エンターテインメントやスポーツ、趣味などたくさんの知識・知見を日常からインプットしておくことが、プランニングの幅を広げる。その意味でも、休日にしっかりと休める会社、また平日は早く帰れる職場であることが望ましい。インプットの時間ができるからだ。

例えばフラッシュモブが流行っている時代なのに、挙式シーンでの実施例を聞かないのはなぜだろう？　キリスト教の本場アメリカでは、自由に教会で踊りながら新郎新婦やブライズメイドなどウエディングパーティー（集団）が入場している。「挙式は厳粛に」と考える新郎新婦ばかりではない。なし婚層の結婚式をしない理由の上位3つに「セレモニー的な行為が嫌」（みんなのウェディング白書より）というものがあることを踏まえ、多様化したユーザーに寄り添うことも大切だろう。もちろん婚礼のプロとして、「ここはこうするのが正式」「ゲストはどう思われるでしょうか？」など、啓蒙やいさめも忘れてはならないが。

コーディネートは、現実に二人の望む空間を創り上げる、とてもクリエイティブな分野だ。ある程度まで行くと、そこから先は才能の世界となってくる。衣裳に世界的なデザイナーがいるように、空間デザインやコーディネートにおいても世界をまたにかけるクリエイターがいる。大切なことは、その人たちのつくったウエディング空間を知ること、そして素晴らしさが理解できることだ。絵に例えるなら、画廊の店主はけっしてゴッホやセザンヌみたいな絵は描けないが、その素晴らしさがわかるから画廊で働けるのである。自社だけでなく、他社の空間コーディネート、そしてウエディング業界以外の最新のファッションはもとより、演劇や映画、テーマパークや古い建築物など、一流と言われるクリエイターたちの作品にできるだけ触れることが、その目を養う唯一の方法だ。

一方、忘れてはならないことは、人気企業や会場に所属しているのであれば、一流どころの建築デザイナーを起用し、その設計によるチャペルやバンケットで働いているわけだから、その思想やコンセプトなどを十分に聞き取ったうえで、それにふさわしいコーディネートを展開するべきだ。建築やインテリアデザイナーから「なんでここにこのアイテムをもってくるかなぁ」と嘆かれないためにも、しっかりとコミュニケーションを持ち、その世界観をうまく利用したコーディネートで勝負することが重要だ。

目標設定とは何か？　それは会社を支える根幹

企業は利益を上げることをひとつの目的にしている。一事業年度ごとに黒字化＝通称・単黒（たんくろ）をめざしている。そのため細かく事業期間を区切り、目標数値を設定してその達成率をみるという方法が一般にとられている。同時に、全社や各部門、社員個人ごとに目標数値を設定し、これも達成率をみて、評価している。

中小企業の多いウエディング業界では、年間100億円以上の売上高があれば、〝業界を代表する企業〟と言われる。仮にA社が次年度の売上目標を100億円に設定したならば、婚礼プロデュース部門で60億円、レストラン部門で20億円、衣裳・アイテム部門で20億円という具合に、部門別に売上目標が設定される。これがセグメント別の売上と呼ばれるものだが、その部門の中でも、例えば婚礼プロデュース部門では新規営業チームでいくら、打ち合わせチームでいくらと細かく数値が割り振られ、さらに新規営業チームのプランナーBさんの目標は○組獲得、打ち合わせチームのCさんは○組プロデュースと単価アップ○万円と個人目標まで設定される。こうして積みあがったものが会社全体の売上目標となる。

売上数値を管理する大本は営業本部長だが、各部門の長がその下で目標数値を申告し、「それでは100億円に届かない。もう少し頑張れないか?」みたいなやり取りがあって上方修正されることも多い。これは各部門の中でも行われ、上司が「Bさん、もう○組はいけるでしょう」「いえいえ、もう一杯いっぱいです」などというやり取りがあって、個人の目標数値ができ上がっていくのである。

目標数値は期間ごとに設定されるが、年間目標にしたがって、上期・下期の半期や、クォーター(四半期)ごと、そして月次や週次単位でも達成率をみていく。足りなければ上司からも督促を受けて「来月頑張らなくっちゃ!!」となるのだ。

目標達成は、自分がどれだけ会社の売上に貢献しているか? を知る意味でも大切であるし、同じ部署の同僚や、他の会場にいる自分の同期と具体的な数値で比較できることで、より積極的に業績を上げようという意識も持てる。年間MVPや上半期MVPなどで個人表彰制度を設けている企業が多いのは、目標達成率の向上を促すためだ。例えば今期140%の達成率を成し遂げた社員がいれば、全社でそれを褒めたたえる。またその高い人事評価は、ボーナスに反映され、さらに数年続けて達成率が高い社員はチーフプランナーやアシスタントマネージャーなど、昇進への評価材料ともされるのだ。

本書の読者にはMVPを取るくらいの人材になってほしいものだが、不思議とMVPを輩出するチームやその会場は、職場の雰囲気も良く、皆が頑張っている現場であることも興味深い。管理職も自分の部下がMVPを取れば評価されるので、空気感までを大切に、皆が生き生きと働ける職場づくりにも力を注いでほしいものだ。

顧客満足の追求が感動の想像につながる

サービス業ではＣＳ（カスタマーズ・サティスファクション＝顧客満足）という言葉が使用される。同様の意味で、カスタマーズ・ディライト（ＣＤ＝顧客の喜びや幸福）という表現もあるが、商品や接客サービスを通じて、当面目指すゴールがこのＣＳやＣＤなのである。

では、どのようにすればお客様（顧客）満足が得られるのか？　基本的なとらえ方としては、有料にて商品やサービスを提供することは、投資した金額分、それにふさわしい価値を提供することなのである。新規試食後のアンケートや、ウエディング終了時の顧客アンケートは、まさに価値提供が正しく行われているかどうか？　を調査をするために実施されている。

現在、サービス・マネジメント分野で広く知られているのは、ドイツの実業家カール・アルブレヒトが唱える「価値の四段階」説だ。

①基本価値　　商品・サービスの基本的な価値であり、これなしには到底満足できない範囲
②期待価値　「当然、このくらいのサービス・品質は期待できるだろう」という期待値の範囲
③願望価値　「もしかして、こんなことをしてくれたら嬉しいな」という願望の範囲
④予想外価値　まったく予想外（サプライズ）のサービスを提供される範囲

この「基本価値」から「願望価値」までの間を「CS顧客満足」の範囲、そして「予想外価値」を「感動の範囲」とするのが、「価値の四段階説」なのである。なお、①から②を顧客満足の範囲とする説もある。

よりわかりやすい例で説明すれば、基本価値では、「スタッフの教育が行き届き、明るく元気に挨拶してくれる」、「館内は清潔に保たれている」など。期待価値では、「SNSの他の人のコメント通り、料理が美味しい」、「婚礼サロンのソファの座り心地がいい」など。また願望価値では「新規下見時に飲み物だけでなく、プチケーキまで提供された」、「1周年記念ディナー招待は両親まで無料だった」など。もちろん人により、欲求・願望の度合いには差があり、また美食家で食べ歩きが趣味などによる経験の多さなど個人差もあるだろうから、基本↔期待↔願望の間のブレはある。

これらの項目についてのアンケートでは、数値化することでよりわかりやすくすることが重要で、例えば「当会場の料理について　1とても美味しかった・2美味しかった・3普通・4少し不満・5大いに不満」という具合に5段階～7段階の評価を設け、1であれば+3ポイント、2であれば+1ポイントという具合に計算していき、その数値によって評価づけを行う。そうして週次・月次単位で集計し、今月は先月より（前年平均より）良かったか悪かったか？　を検証し、さらに週次であまりにも評価が低かった顧客に対しては「なぜ？」を追求し、場合によっては、そのカップルに対する何らかのフォローも必要となるのである。

この①から③の評価は、リアルな現在のお客様評価でもあるので、この数値を上げることが競争力の強化には必須事項といえる。随時検証し、現場改善や教育研修により、マイナスポイントを減らし、プラスポイントを増やせるよう努力していく。

一方、④の予想外価値については、〝満足以上の感動〟をめざすので、当然ながらハードルはかなり高くなる。10年ぶりに再訪したレストランで、やはりその美味しさが変わっていなかったとか、「この天候で今日のパレードはないだろう」と思っていたら、キャストが頑張ってやってくれたとか、そうした少しくらいの感動はあるけれども、平均70人規模で300万円を超える高額商品での感動は、極めて難しい境地だ。しかしその地点を積極果敢にめざすからこそ、全体の底上げが行われ、顧客満足の③までは十分に到達できる体制ができるのである。

一つのヒントとしては、心理学の分野では人が感動するためのメカニズムでは最初に「驚き＝サプライズ」があり、「驚き」こそが感動を発動させる要因だとされていることだ。ウエディング業界ではもはや当たり前、「今日の結婚式はサプライズがまったくなかった」とゲストからもクレームがくるほどであるが、感動のウエディングをつくる姿勢としては正しいといえる。ただ、サプライズにもいろいろとある。ゲストにとって、はた迷惑な、余計なお世話的なサプライズや、あるいはもう定番化してしまっており、「いまさらこれ?」みたいなサプライズは、感動を発動させる「驚き」ではない。その点は気をつけてほしいものだ。

また「驚き」のために一過性で大きな仕かけをするという方向性で考えないことも重要に思え

る。例えば地道に、結婚式が終わったカップルの毎年の結婚式記念日に「お元気ですか？」と電話を入れ続けるプランナーもいるのだ。「あれから10年経っているのに、いまだに自分たちのことを気にしてくれている」とカップルは大いに喜んでいるという。長いスパンにおいて提供できる感動もあるという好例だろう。

サービスにおいて感動を提供するために科学の分野からアプローチしている企業もある。（株）ポジティブドリームパーソンズは２０１２年金沢工業大学感動デザイン工学研究所と共同で研究を始め、いまではその成果を社内に反映させるための社内コンテストまで開催している。こうした先取の姿勢を持つ企業も婚礼業界にはあると知っておくことは、「当社はまだまだ取り組みが甘い」と気を引き締めることにもつながるだろう。

コラム

パーティープランナーをめざしてほしい

2002年の前著にも登場していただいた羽原俊秀氏は、当時「ふたりの希望はすべて叶えます」という風潮のなか、「ゲスト満足を損なうことであれば、プロフェッショナルとして敢然とNOと伝えるべき」と、現在のゲスト満足追求があたり前となる時代をひとあし早く読み切っていた方だ。今回は、「ウエディングを含む人生の節目に人々が集う空間をコーディネートするパーティープランナーをめざすべき」との方向性でお話を伺った。

(株) マグリット　代表取締役社長　羽原俊秀 氏

本書の読者の皆様は、これからウエディング業界で活躍したいと考えている方が多いと思います。当社（株）マグリットはマーシー・ブルームに始まり、過去多くのニューヨークで活躍するイベントプランナーを招聘し、日本のウエディング業界の皆さんにパーティー（レセプション）ビジネスの本場のセンスや手法に触れる機会をつくってきました。

本来西洋文化であるウエディングを学ぶことにおいては、音楽や絵画、料理や建築と同様に、本場のヨーロッパやアメリカに留学してその技術と思想を会得するのが本道です。ところが、なぜかウエディング業界は、これまでそれを行ってきませんでした。もちろん1〜2週間滞在した程度では、その本質をつかむことは難しい。そのため当社では、度々本場からイベントプランナーなどのクリエイターを招聘し、言葉や写真だけでは伝わらないその感覚を肌で感じる機会を提供してきました。しかしそれでも本物を十分習得することは困難であると感じていまして、いずれはニューヨークで活躍するトッププランナーのアシスタントスタッフに数ヵ月日本に滞在してもらい、その人達と一緒に仕事をする中から、本場のセンスなどを吸収していただけるような機会を設けたいと、現在計画しているところです。

実際、ニューヨークのプランナーたちに聞く話は、日本の教科書や雑誌に載っていないことばかりです。ほんの一例ですが、2016年11月に足利の「マグリットガーデン」にて行ったニューヨークのトップクリエイター「マシュー・ロビンズ」の公開パーティーでは、最初は白ワインから始まり、赤ワインのあと、最後にシャンパンで乾杯という、まるで現在の日本のオーソドックスな進行と逆なビバレッジの提供でした。こうしたものは、実際に体験しないとその素晴らしさや本物の感動は得られないものなのです。

本場には本物の魅力があります。例えばパンケーキやステーキハウスも日本には美味しい店がたくさんあるのに、「ウルフギャング・ステーキハウス」が上陸すればすぐに各地の店舗で予約が取れない盛況となり、「エッグスンシングス」も同様のにぎわいです。直接本物に触れ、そのテーストや思想を学ぶことは、物事を極めるためには本当に重要です。働く職場が決まり晴れてプランナーとなった後には、本物に触れる機会を積極的につくっていただくことが、皆さんのキャリアアップに大きな力を授けることでしょう。

当社の金沢の店舗「ディスティーノブルックリンニューヨーク」は、もともとアニバーサリーパーティースペースとしてスタートしました。しかし、これまではウエディングが多く、その他のライフイベントを積極的に売ってこなかった反省もあり、２０１６年７月からは、地元で１００年続くフューネラル企業（株）シオタニさんと共同出資し「ディスティーノ金沢」を設立しました。シオタニさんの１万人に及ぶ顧客のライフイベント需要の際に、当社でつくったフレンチやイタリアンの料理を提供するサービスを開始しています。すると驚いたことに、高齢者層にもフレンチやイタリアン料理とそのサービスが大いに支持され、次年度には大きな売上を達成しそうな勢いです。ウエディングで培ってきたノウハウが、ウエディング以外のライフイベントにおいても十分に通用することが、この事例からもお分かりいただけるかと思います。

これからのプランナーは、ウエディングだけでなく、人々が集うあらゆる空間をコーディネートする、アメリカのプロフェッショナルをロールモデルにしてめざしていく時代だと言えるでしょう。彼らはウエディングをメインに仕事をしていますが、人生の節目における人々の集いや企業のプロモーションイベントなども幅広く手がけており、ライフイベントプロデューサーとして顧客の人生に伴走しています。ですから皆様も「ウエディングはアニバーサリーイベントの中の一つ」という認識を持ち、より幅広いパーティービジネスの世界で活躍できる人材となっていただければと思っております。皆様がウエディング業界に入られた後、もし機会がありましたら、そんな本物に触れる機会を数多くつくり、プロフェッショナルとして活躍する原資にしていただければと願っています。

【羽原俊秀氏プロフィール】

ニューヨークに留学し、ニューヨーク大学にて飲食業経営学を学ぶ。またニューヨークスタイルのエンターテインメント&パーティー文化にどっぷりと浸かる。その際に築いた人脈からさまざまなネットワークを持ち、米国トップクラスのイベントプランナーやクリエイターを多数招聘。「岡山ウェディング協議会」の副会長。著書には「常識破壊のウェディング―嘘を売らない」（柴田書店）がある。（株）マグリットは岡山を拠点に、金沢・東京・栃木に直営店舗を展開

http://www.magritte.co.jp/

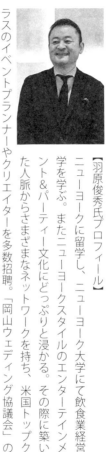

第六章

中級者への道・集客戦略

この仕事をもっと深めたい方へ

本書のここからは、「中級者への道」。多少高度な話が多くなるので就活中の学生時代に読むにはちょっと難しいかもしれないと、そうタイトルをつけただけで、「まったく問題なく理解できる」という方は気にせず読み進めてほしい。扱う内容はマーケティングに関することだが、あくまでも中級者への入口付近のコンテンツであり、マネージャークラス以上には物足りない内容かもしれない。

この章では、まずは集客について、またメディアについて、さまざまな角度から紹介したコンテンツとその後にマーケティング論が続き、次の第七章では商品開発、最後の第八章では職場環境や働き方についてのコンテンツとなる。

集客のために必要なこと

集客はマーケティングの一つの分野に過ぎないので、集客戦略を語ることはマーケティング全般について語らなければならない。この後の項で、マーケティングについては触れるが、これも奥深い世界で、本書ではその入口を紹介するに過ぎない。けれども、『ゼクシィ』を運営する（株）リクルートマーケティングパートナーズが、なぜ分社化した際に「マーケティングパートナーズ」との社名を採用したのかを考えてみてほしい。やはりウエディング業界にはマーケティング戦略が必要なのだ。

集客においては、結婚式場の建物そのものがまず「メディア」であるとの認識からスタートすべきだ。ホテル業界ではもちろん、進んだ考え方をするウエディング企業も、「世の中にさらしているこの建物外観がまず情報である」との認識において、ハードを設計・施工している。

一方、アクセスの良さというのはすべての商業施設にとって大切な要素である。特に近年はユーザーがゲスト目線で式場選択する傾向が強まっており、「駅からあまり歩かせたくない」と、アクセスの良い立地を求めるようになっている。そのことから駅から離れた施設であれば、最寄駅からの送迎バスは必須。また多少離れていても、そこに至るまでの桜並木が美しい、あるいは東京タワーなど地元の名所・名物を眺めながら来館できる、などの営業トークが必要だろう。

ウエディングにおける集客の根本は、とにかくエントランスまで下見カップルの足を運ばせること。エントランスから先は料理やサービスなど人の要素とハード魅力などから、営業ポテンシャルの高い会場であれば、そこからいくらでも成約に持ち込める。しかし肝心の下見に訪れてもらえないとなると、ほぼお手上げだ。そこで広告出稿などのパブリシティ戦略が重要となるのだ。しかし足を運んでもらうために、毎月、大枚をはたくわけにはいかない。年間の広告宣伝費と成約数の相関関係がどのようになっているか？　を常に気にかけておく必要がある。

1組を成約・獲得するために必要な費用も、ざっくりとではあるがこの広告宣伝費から導き出せる。実施組数で宣伝広告費を割ると、1組獲得するためにどれだけお金がかかっているかがわかるのだ。東京などの大都市圏では、この1組あたりの広告宣伝費は10万円以下ならば優秀。20万円以上ならば、ちょっと無駄打ちの多い広告戦略になっていると言えるだろう。ちなみに、平均値は15万円前後とされている。

また「成約ユーザーが、いったいどの経路を通って成約に至ったか？」を月次で検証することも大切だ。「どの媒体からどれだけ来館（集客）があり、結果、何組が成約に至ったか？」をデータとしてまとめ、それをもとに限りある広告宣伝費の投資先を決めていく。まずは集客だ。どれだけユーザーを集めてくれたか？　を評価する。次に成約がどれだけあったか？　この2点で媒体の評価を下すのが基本である。ただ集客が多くても、めざすゴールはあくまでも成約である。

成約に至っていなければ、そこに至るプロセスに問題はないか？　そもそもこの媒体と自分の会場は相性が悪いのではないか？　などなど、検討すべきことは山ほどある。

そこで来館アンケートの取り方が重要になってくるのである。待ち時間に自由に記入してもらう方式では誤差が大きいということで、現在では新規プランナーによるヒアリング形式に移行している会場も多い。「当会場のことを最初に知った媒体は何ですか？」という認知媒体としての評価に関わる質問と、「実際に行ってみようと思ったきっかけとなった媒体・記事・写真は何ですか？」と最後に来館アクションの背中を押した媒体を知るための質問は、無駄な広告宣伝費を使わないために、極めて重要だ。

あくまでも以上は基本ではあるが、現在では紙、ネット、交通広告、地方であればテレビなど複数の媒体を包括で活用しているので、その見分けもなかなか難しいのが現実である。それでもなお、最初の認知に関わった媒体と最後のアクションを誘発した媒体は重要であり、その使い方をさまざまに検証しながら自会場にもっともふさわしい媒体を選別するのが現在のウエディングの集客なのである。

集客のために取り組むべきこと

結婚式場を含むあらゆる商業施設において、もっとも大切なことは、そこにお客様が来ることである。どんなに立派なコンセプトを打ち出し、華麗な施設概要を整えようとも、その存在をお客様が知らなければ来館することはない。そのことから、すべての商業施設は集客のためにさまざまな努力をしているのである。

例えばコンビニチェーンが、新たに新店舗を構えようとする場合は、そのエリア人口とともに、出店場所の平日・土日の1日の人と車の往来数をカウントし、「はたして店舗維持できるほどの来店が見込めるかどうか？」をまず調査する。ところが結婚式場や婚礼衣裳店などウエディング企業は、それだけでは不足だ。「この地域にどれだけの20～30代の独身者がいて、婚姻率は何パーセントか？」が大切なのだ。さらに言えば、借地借家契約で20年はこの地で結婚式場を運営する気にならば、現世代だけではなく、次の世代人口、さらにその次の現在小学生である人口までも調べる必要がある。小学校6年生の女子は12歳であるから、授かり婚によって早ければ7年後、遅くても18年後には結婚し、結婚式を行う可能性があるからだ。また30年運営であれば、現在の出生数までカウントしなければならない。

大都市の都心部や地方でも街の中心部に近年、結婚式場の出店が続いているのはそのためだ。将来人口の予測は、必須なのである。

豊かなマーケットで将来性もそこそこある、という前提であれば出店候補地となる。そこから地元カップルに対して、どのように結婚式場があることを認知させ、競合施設があればいかに差別化できるか？　それが大切だ。

現在ではインターネットの発達により、自社ホームページの製作費などは必要だが、ＳＮＳのオフィシャルサイトなども交え、自社ホームページに誘導できる環境は整っている。個人営業のラーメン店では、店舗オープン前にこれらのネット環境を整え、さらにチラシポスティングや場合によっては駅前でのビラ配りなども行う。ラーメン店はリピートビジネスとはいえ、１杯７００円前後のビジネス。ウエディングビジネスは１組３００万円以上ということから、価格面だけからも地元のラーメン店以上の集客努力が必要であることは、お分かりいただけるだろう。

存在を知られること、そしてどんな内容のウエディングを行っているのかを発信するのは、とても大事なことだ。競合施設がない場所であれば、ラーメン店と同じ集客営業でもなんとかいける可能性がある。しかし競合施設があれば、やはり地元テレビ局、新聞、ラジオ、雑誌などのメディア活用は必須だ。

メディアでの掲載には無料パブ＝ノン・ペイド・パブリシティと、有料パブ＝ペイド・パブリシティ、そして広告の３種類がある。無料パブは、そもそもメディアが興味を持ち、地元ジャーナリズムの観点から取り上げることが有益と考えられる場合に取材・掲載となる。有料パブは、原則的にはそんなメディアの編集方針にあまり左右されず、広告主としての支払い能力があるかどうかや、広告宣伝が法律上許されているかどうかだけが問われ、あとは料金さえ払えば基本的には取材・掲載される。広告は自社で製作したデジタル版下を納入することになるが、この場合もサイズを含め、出稿条件は一応審査されるが、普通であればそのまま掲載される。

この場所に結婚式場があるということをメディアによって広めるのは、無料パブで十分だろう。しかし他の競合施設との違いなどをユーザーに理解させるためには、やはり有料パブや広告も打っていかなければならない。そのため、有料パブや広告は、その地域に競合施設が多ければ多いほど利用される傾向にある。

一方、クチコミメディアもインターネットの発達とともに、いまでは重要な伝達メディアとして活用されるまでになった。これは主に結婚式後の顧客満足をベースに発信される。「こんな素敵なお式だった」、「料理がことのほか美味しかった」、「スタッフの対応に感謝」などだが、これらがSNSなどのネット上でアップロードされると、共感した別のユーザーが転載し、次から次に伝播していくという流れだ。無料パブはなかなか取り上げてもらうのもハードルが高い、有料パブはお金がいくらあっても足りない、しかしネットのクチコミメディアは無料だし、結婚式の評判を広めてくれる。当然、もっとも重視するのはクチコミメディアだろう。そこから必然的に受注から当日プロデュースまでに力を入れるというのが、現在の勝ち組企業の姿勢となっている。

集客のための具体的な方策

集客はウエディング業界の最大の課題である。

仮に有料パブと広告で集客を図ろうという場合には、ウエディング業界はサービス業であるから、売上高の10〜15%が宣伝広告費の基準となるだろう。ブランディングが命の化粧品業界は10%であることから、ある程度規模が大きい企業となってからは、本来は売上高のせいぜい1割くらいが適当ではないかと個人的には思う。そんな点も加味しながら、公示することが義務付けられている上場企業の広告宣伝費を眺め、「ひるがえって自社は?」と調べてみることも大切なことだ。

一方、有料・無料を問わず、マスコミュニケーション（メディア）を通じた情報伝播と購買に至るまでのプロセスには、かつては「AIDMA（アイドマ）」と呼ばれる消費者行動があった。注目（Attention）↓関心（Interest）↓欲求（Desire）↓（Memory）↓行動（Action）だが、インターネットの普及により、「AISAS（アイサス）」がつい数年前までは主流だった。A＝Attention、I＝Interestまでは同じだが、D（欲求）、M（記憶）、A（行動）の部分が、S＝Search（検索）、A＝A ｃｔｉｏｎ（行動）、Ｓ＝Ｓｈａｒｅ（共有）に変化したのだ。さらにインスタグラムなどのソーシャルメディアの利用者増によって、今日では、「ＡＩＳＡＳ」から「ＳＩＰＳ（シップス）」に移行している。共感する（Ｓｙｍｐａｔｈｉｚｅ）↓確認する（Ｉｄｅｎｔｉｆｙ）↓参加する（Ｐａｒｔｉｃｉｐａｔｅ）↓共有／拡散する（Ｓｈａｒｅ＆Ｓｐｒｅａｄ）の頭文字だが、まさに現在の多様化するユーザーを表わした単語であるので、覚えておいて損はないだろう。

こうした情報伝播のプロセスに対し、これまでのウエディング広告は、注目・関心＝「ＡＩ」の部分でしっかりブランディングできればそれでよかった。しかし現在の意思決定フェーズは検索・行動・共有＝「ＳＡＳ」部分の影響が強くなり、若いスマートフォンで情報検索をするカップルは、その求める婚礼のスタイルや会場のサービスの質を確かめてから初めて行動に移る。さらに共感・共有するというユーザー動向のように、宣伝広告を取り巻く環境が大きく変化しているにも関わらず、対応がまだＡＩＤＭＡ時代のままの会場も多いことが気がかりだ。つまり現在のユーザーに不適合な手法で、有料パブや広告を打っている企業は、ユーザーの意識と交差することなく、ただ無駄な出費を続けていると言えるだろう。

紙からウェブへ、そしてソーシャルメディアへという流れが基本だが、相変わらず紙もメディア力は持ち続けているし、例えば交通媒体なども地域につながる電車の路線であれば検討するにふさわしいメディアである。つまり現在は紙とウェブだけでは訴求できない時代ということだ。メディアミックスは当たり前であり、どの媒体で認知され、検索されるか？は、なかなか予測しづらいというのが現在ではないだろうか。

ただそのなかでも紙媒体は、特に高額なウエディングを行う層には必須とも言え、仮に他のメディアで認知したとしても、最後に背中を押すのは紙媒体であることも少なくない。逆にいえば、一つの媒体だけで式場を決定するカップルは稀であり、必ず複数の媒体を見て、そのなかから印象に残った媒体名を来館アンケートに記入しているに過ぎない。ウェブのウエディング媒体をいくつも閲覧しているうちに、どこの情報だったかが分からなくなっているとも言えるだろう。

そうした状況にあるということを認識し、来館アンケートはただ自由に記入させる方式から、新規プランナーがヒアリングしながらデータを取る方式に移行しつつある。これなら、複数の会場を下見するたびに書かされるというお客様側の心理的負担もなく、会場側が求める「どの媒体が最後の背中を押したか？」もわかるからだ。もちろん、そのためには新規プランナーが日常的に自社の広告や有料パブの誌面やサイトを見ておく必要がある。

この項のまとめとして言えることは、日本全国で競争が激しいのだから、原則的には集客のために、自社ホームページやSNSオフィシャルサイトだけでは不足で、やはり有料パブや広告を地元のウエディングメディアに出稿すべきということ。ただし、年間売上高の15%を超えないよう注意すること。そして費用対効果は月次で集計し、それによって別媒体への乗り換えを常に検討すること。そのためには、広告宣伝プランナーの労務負担を軽減し、スキルが長ずれば婚礼部の広告宣伝担当者として現場オペレーションから外れてもらうくらいの施策が必要だ。広告宣伝とその費用対効果を計るうえでは、それだけの価値があるはずだ。

婚礼におけるマーケティングとは？

集客はマーケティングの一つの分野に過ぎないと先ほど記したが、「マーケティングの最終目標は販売行為を伴わずに自社製品やサービスが売れること」と、ピーター・ドラッカーは著書に記している。つまり、自動的に売れる〝仕組みづくり〟がマーケティングの理想形なのだが、しかし現実の世界は厳しい。理想を追い求めてもなかなかうまくはいかない。ただし、食中毒を起こして営業停止となり、そのあおりで駅前でプランナーがビラ配りをするはめに陥ったり、あるいは集客のために高額な広告宣伝費を払い続けることでは、もちろんない。むしろそうならないために、自動的に商品やサービスが売れる仕組みづくりをすることが、マーケティングだと筆者は考えている。

マーケティングの世界は深いし、また個別の業種や企業のスタンスからとらえたマーケティングの形はさまざまにあるだろう。ただ理想形は、「黙っていても売れる」で異論はないはずだ。この考えをベースに、セグメンテーション・ターゲティング・ポジショニングのＳＴＰを考え、必要であればマーケットリサーチを行い、ＳＷＯＴ分析、ポートフォリオ分析などを用いながら、いかに自社の強みの分野で市場に戦略的なポジションを築けるか？　が大切だ。

ひるがえって、ウエディング業界において、こうしたマーケティング手法に則って戦略決定している企業がどれほどあるだろうか？　上場企業や売上上位にランキングされた企業はもちろん行っている。しかしそれ以外の企業は、例えば新規出店に関しても、創業オーナー社長の勘だけに頼る体制であったり、コンプライアンスにおいても創業オーナーの気分次第という企業が多いのではなかろうか？　それはマーケティングとはまったく反対のベクトルであり、組織として戦う体制ができていないとも言える。組織力で戦う企業は案件をマーケティング理論に基づいて決定していくので、カリスマ的な創業オーナーがいなくなっても組織は存続できる。少なくとも筆者はそうした考えのもとに本書を執筆している。

　では婚礼におけるマーケティングとは、何だろうか？　近10～15年の大まかな年次ごとで、自会場のあるエリアではいったいどれだけ婚姻数がありそうか？　それが基本となる。地元エリアの定義は、自会場を利用する可能性のある距離に居住しているユーザーであるから、交通インフラと車社会の移動範囲を加味して、「だいたい潜在的にはこれくらい」とユーザー人口を算定してみる。同時に自治体のホームページなどから、10年後に婚礼層となる15歳（中学校卒業）からの人口を調べる。そうして近10～15年の潜在ユーザー、つまり母数を確認したうえで、さまざまな営業戦略を策定する。これが婚礼における現実のマーケティングの第一歩だろう。これは初婚に絞ったセグメンテーションだが、再婚者や最近注目されている子育て世代カップルで結婚式を行っていない層にアプローチするならば、当然、別のセグメント・ターゲティング調査が必要だろう。

次にエリア内におけるポジショニングも非常に重要な要素である。このエリア内に何会場のライバルがいて、バンケット数ではエリア総数いくつあって、というものが基礎データとなる。仮にエリアの潜在ユーザー数が少なければ、この先は激戦となり、広告宣伝費ばかりが増大して、営業利益があまり見込めないという場合には、業種転換まで視野に入れて戦略を組み立てなければならないからだ。10～15年先の母数と、そのユーザー動向＝なし婚系が多いのかどうか？　そこまでリサーチしてみなければ、正しい経営判断はできないだろう。

いずれにしてもマーケティングの実践とは、単に集客をいかに図るかだけではなく、企業活動のすべてが関わってくることである。自社の強み弱み、マーケットにおけるポジショニング、そして可能であれば、近未来のためにもブランディングにより地域の若い層にも〝刷り込み〟を行っておきたい。一過性のフェア集客のために広告を打つのではなく、10年15年先を見据えた広告宣伝戦略を立案することもマーケティング戦略の一環であり、ビフォー戦略としては「子どもたちのウエディング体験会」、アフター戦略としては「結婚式ＯＢＯＧの夏祭り」など、その会場自身がどの分野で収益を上げていくか？　それによって集客イベントや広告宣伝の打ち方も変わっていくべきだ。

マーケティングトピックス

2014年夏に報道された名古屋市のダイエット事業を行う企業の調査によると、既婚女性の48・6%が「もう一度ウエディングドレスを着たい!」と回答したという。ウエディング業界の皆様は初婚の独身者しかターゲットとして見据えていないが、人口減少社会となった今後は、40代、50代の再婚者および、単身者や既婚者にもこうした隠れたニーズ(シーズ)があることをしっかりとわきまえたうえで、マーケティングビジネスを展開していく必要があるのではなかろうか? 既婚女性が望んでいるのにウエディングドレスを着る機会を提供しないのは、実にもったいないことではないか。

また現在は結婚するパートナーと実に出会いにくい社会となっているが、「ソロウエディング」というスタイルの商品を販売する事業者が現われ、それなりに事業成果を収めている点から目線をそらしてはならない。ウエディングは本来、結婚する男女と周囲の人々をより固く結び合わせて幸せにする事業だが、残念ながらパートナーに巡り合えないユーザーがいる社会状況も踏まえて、その現状にも対応してこそ、ホスピタリティー産業に位置するウエディング業界だと思う。旧来のウエディングの常識に縛られた頭では難しいが、より新しい環境に適応した生物(企業)が生き残るというダーウィンの言葉を思い起こしてほしいものだ。こうした柔軟な姿勢の必要性はLGBT(レズ・ゲイ・バイセクシャル・トランスジェンダー)のユーザー対応の際にも試される。いまから心も頭も柔らかくして備えてほしい。

婚礼におけるウェブやＳＮＳの重要性

来館経路の分析によると、自社ホームページ経由が7～8割とされる現在、ウェブやＳＮＳ（ソーシャルネットワーキングサービス）への注力は、そのまま営業成績に直結するといっても過言ではないだろう。「集客」に関する基礎的なことは前述した通りだが、インターネットの普及により、いまでは集客はこれらを抜きには語れないほどの存在感となっている。

まず、インターネットでは、ウエディングのネット媒体もあるが、もっとも多いのは自社のホームページからのアクセスだ。したがって、いかにホームページへのアクセスを増やすか？　を集客戦略の柱とするのが基本である。加えて現在では20代の女性はほぼ98％がスマートフォン（スマホ）を利用して、インターネットにアクセスしており、65％が自身の結婚式場探しに利用している（２０１５年日本綜合テレビ・ＢＧブライダルギャラリー調べ）。したがって、ウエディングにおいてもホームページはＰＣよりもむしろスマホサイトに注力すべきなのである。

もちろんインターネットは日々進歩・進化し、ユーザーも最新のデバイスを保有する傾向にある。そのためスマホに代わるメディアがいずれ現われる可能性もあるが、本書の想定している２０２０年までと限れば、そう大きな変動はないだろう。

ホームページからの来館数はコンバージョン（成果数）という数値で記録され、それを月次、あるいは週次でまとめて営業本部に報告し、今後の方策を検討するのが現代のウエディングビジネスだ。つまりマーケティング活動の中心的な役割を担っているのがウェブやＳＮＳ対応の部署といっても過言ではないだろう。

ホテルでは営業企画、結婚式場でも本部の宣伝広報部がこの任にあたるが、近年ではウエディングサロンに専任者を設けて、その担当者と密接に連動しながら営業企画・広告宣伝部が連動するスタイルを採っている。というのも、特にＳＮＳのブログやフェイスブック、また勝ち組企業ではいまでは常識となっているインスタグラムでの画像露出などは、到底、現場の人間でなければ継続的な更新が困難なため、基本的な方向性と確認を社内で行った後に、現場発信の形でこれらのＳＮＳに日々投稿されるスタイルとなっているのである。

実際、本稿執筆時点では新婦もインスタグラムをよく閲覧し、そこからコンバージョンに至る事例も増えている。ただインターネットの世界は日々革新が行われるため、かつてはミクシィが勢力を誇った時期もあり、また現在はＬＩＮＥ（ライン）が企業内ツールとしても活用されているが、はたして２０２０年においてもそうか？　と問われれば「わからない」と答えるしかない。それだけＩＴ業界も激戦を繰り広げているからだ。

ただ時々に新婦が主に活用しているメディアにおいて情報発信することは必須のことであり、集客戦略では、けっしてこれらの進化から目線を切ることがあってはならないと思う。常に公式ページから、フェアや新プラン、あるいは結婚式レポート、周年記念イベントなどの情報発信を続けていくべきだ。

ホームページはスマホ専用サイトが常識となりつつあるが、PCサイト以外にスマホサイトも設けるのは費用面でどうも、という企業は一過性でスマホ対応のPCサイトを設ける事例も多い。しかしいずれ本格的なスマホサイトを設ける必要があるのだから、その場しのぎで予算申告することなく、10年後に「あの時やっておいて良かった」と思える決断をすべきだと思う。これだけ競争が激しいのだから、着手は早いに越したことはない。

メリットとしては、スマホサイトを構築する過程で、あらためて自社マーケティングを洗い直すきっかけが作れる点も特筆しておきたい。「こんな機会でなければ、なかなか自社のマーケティング戦略についてまともに話し合える機会もない」という企業も多いのだ。

またスマホサイトを新設したからといって、それはゴールではなく、ようやくスタートしたに過ぎない。新郎新婦が結婚したのと同じで、その後どのように幸せに過ごしていけるか？を、われわれはそのお手伝いをしているのであって、当日だけの満足感をゴールとしてはいないように、スマホサイトも新設しただけでは、ただ太平洋にただよう小舟である。SNSなどとのリンクはもちろん、月次でSEO対策をしてこそ、ようやく一人前の夫婦となれるのだ。SEOは制作過程から意識すべきだが、SEOのキーワード登録も頻繁にチャレンジしながら行っていくのが現代のネット集客なのである。

マーケティングトピックス

少し前の話になるが、テレビで生物学者が「99人のできちゃった婚夫婦中、44組が離婚している。でも、挙式をすれば離婚率が下がる。44組中結婚式をしなかったのは、32組だった」と発言したことがある。本書の冒頭で「結婚式は社会装置」とお伝えした理由は、その発言を裏付ける調査データがいま、次々と発表されているからだ。

まず、ジュエリー販売企業（株）シーマ（現（株）NEW ART）が2015年10月に発表した「結婚生活に関する意識調査」において、既婚者（結婚生活維持者）と離婚経験者では、結婚式の実施率、結婚披露宴・結婚パーティーの実施率において、離婚経験者の方が実施率が15〜18ポイントも低い結果が報告されている。また、（株）みんなのウェディングによる2015年「離婚、離婚男女　結婚と結婚観に関する調査」においても、「結婚式を挙げなかった」既婚者は9・5％、離婚者は26・3％との結果。その他、（株）リクルートマーケティングパートナーズや、アニヴェルセル（株）の調査でも、いずれも結婚式が離婚防止・抑止に一定の効果を発揮していることがデータから明らかになっている。

こうした事実がマスコミを通じて一般社会に報じられていないことがまことに残念だ。現場プランナーは新規下見のカップルに、雑談の中でもけっこうだが「結婚式をしたお二人は離婚しにくいというデータがあるんですよ」とぜひ伝えてほしい。その二人のクチコミから拡散し、やがて「結婚式は（離婚防止の）社会装置」との認識が広まればと思う。

メディア対応と情報発信のポイント

ウエディング業界に関連するメディアと一般メディア、その双方にしっかりと自社魅力と現在取り組んでいる商品のアピールをすることが大切だ。

まずＢ ｔｏ Ｂ（ビジネス・トゥー・ビジネス 対業界内の仕事という意味）の分野では、ウエディング業界に入った方なら、業界内メディアを知っておくべきだ。個人で定期購読する方もけっこういて、そうした意識の高い方は社内においてもビジネスを円滑に進め、また他社との交流も生まれ、それが一層個人の活躍の原資となっているようだ。

本書の発行元である（株）オータパブリケイションズは、１９６６年創刊の専門誌『週刊ホテルレストラン』（通称ホテレス）を年間50冊近く発行しており、毎月の第３週号にウエディング業界の特集を掲載している。ホテル、レストランだけでなく、ウエディング事業に携わる企業や人を毎号紹介しており、業界動向や新たな取り組みなどの情報を誌面から得ることができる。

業界唯一の専門新聞社である『ブライダル産業新聞』（（株）ブライダル産業新聞社）は、１９８７年の創刊以来、結婚式ビジネスにまつわるテーマを網羅的に取材し、情報発信を通じて業界の発展を支えている。式場情報だけでなく、演出や引き出物などのパートナー企業動向にも強いのが特色だ。
筆者も執筆参加している現場プランナー向け隔月専門誌『ザ・プロフェッショナルウエディング』（(株)ウエディングジョブ）は、誌面のビジュアルとセンスにこだわり、〝輝きながら業界に長く勤める〟をコンセプトに、時々の課題を特集テーマに選び好評を得ている。その他、２００９年創刊の『ウエディングジャーナル』（(株)リフレクション）などもあるが、これらの雑誌媒体は定期的に業界セミナーや展示会など誌面外の活動も行っており、業界のより良い発展や人材交流などを促進する役割も果たしている（詳細は各媒体のホームページを検索・参照のこと）。

業界メディアの存在価値は第一に、最新の取り組みを行い、ユーザーの支持を集めている企業や会場の考え方、その方法論を業界内に広く紹介することで、いわば飛躍をめざすためのベンチマークにしてもらい、そうしたことをもって業界の健全な発展を促し、また全体の底上げを図るという点にある。同時にイベントなど誌（紙）面内外の活動により、業界内の人材交流を含め、ビジネスの発展に寄与することや、もちろんユーザーオリエンティッドな姿勢の大切さを啓蒙する存在でもある。ところが、残念ながら業界メディアの取材を受け付けない企業群も存在する。その理由は「他社に当社の独自ノウハウをマネされてしまうから」。読者にお伝えしたいのは、簡単に模倣される類のハードやソフト設計は、そもそも独自ノウハウ＝コアコンピタンスとは言えないのである。その誤った（多分トップ）の認識によって、SNS全盛のこの時代に情報の透明化を怠り、現場のプランナーや支配人に営業チャンスを失わせているとすれば、その企業の行く末はとても危うい。「堂々とフェアにユーザーだけを見て当社はウエディングを行っています」と胸を張って言える企業であれば、働く現場の人たちも自社に誇りが持て、結果として平均勤続年数の長い企業となるはずだ。

さて一方、ＢｔｏＣ（Ｃ＝カスタマー）一般読者対象の雑誌やウェブメディアでは、まずは各地方版を全国で発行する『ゼクシィ』（（株）リクルートマーケティングパートナーズ）が代表的な媒体だ。春・秋の婚礼のピークシーズンなどにはテレビＣＭも投入するほか、近年では「ご当地婚姻届け」による婚姻人口増や、素敵な結婚式が行われていることを一般社会に伝える「グッドウエディングアワード」などの開催も含め、業界に果たす役割は大きい。『ゼクシィＰｒｅｍｉｅｒ（プレミア）』という30代女性にセグメントした雑誌もある。

全国版ではほかに１９８６年創刊の老舗ハイソなウエディング雑誌『２５ａｎｓ Ｗｅｄｄｉｎｇ（ヴァンサンカンウエディング）』、『ＥＬＬＥ ｍａｒｉａｇｅ（エル・マリアージュ）』を発行する（株）ハースト婦人画報社、『ＷｅｄｄｉｎｇＢｏｏｋ（ウエディング ブック）』や『レストラン&ゲストハウスウエディング』などを発行する（株）ウイントドアンドサン、『Ｍｙ Ｗｅｄｄｉｎｇ（マイ・ウエディング）』、『和婚』を発行する（株）明－美などもあり、それぞれのユーザーが好みによって購読しているようだ。また地方版では新潟、群馬、長野なで発売されている『こまちウエディング』、関西地区の『コンパルウエディング』、首都圏の交通網や飲食店舗で配布されている『ＴｏｋｙｏＷｅｄｄｉｎｇＣｏｌｌｅｃｔｉｏｎ（通称ウエコレ）』などもある。

一般読者対象のインターネット婚礼情報サービスでは、『ゼクシィｎｅｔ』』（（株）リクルートマーケティングパートナーズ）のほか、先述した各雑誌媒体がウェブでも事業展開をしているので、ここでは主要なメディアだけを紹介する。

『ウエディングパーク』（（株）ウエディングパーク）は、式場探しの総合サイトであり、全国を網羅しているので、『ゼクシィ』の出稿量を減らした月には頼りにされている媒体のようだ。また先輩花嫁のリアルなクチコミ投稿をベースに、二人だけのウエディングや小規模婚にも強みを発揮してシェアを伸ばした『みんなのウェディング』（（株）みんなのウェディング）、飲食の際に利用される『ぐるなび』のウエディングサイト『ぐるなびウエディング』（（株）ぐるなび）も会食婚など料理においてこだわりを持つユーザーに支持されている。

また２００８年にサービス開始した『すぐ婚ｎａｖｉ』は、直近でもユーザーの思いを叶える媒体として支持を得て、さらにより多くのユーザー層に向けた媒体として２０１６年11月に『ハナユメ』（（株）エイチームブライズ）にリブランド。ＴＶＣＭなど積極的な投資を行う『マイナビウエディング』などとともに今後、注目すべきメディアといえるだろう。

さらに、場所選びではなく、プランナー選びで二人の夢の結婚式を実現してもらおうというコンセプトのウェブ媒体もある。『ｗｅｃｏ（ウエコ）』（（株）カーロカーラ）、『プラコレＷｅｄｄｉｎｇ』（（株）プラコレ）などだが、これらの媒体の躍進も今後の注目ポイントと言えそうだ。

新規出店のポイント　出店側と迎え撃つ側

企業が新たに拡大方針を取り、新天地にてウエディング事業を行う際、どのような思惑でそのエリアが決定され、人員が選ばれているのかを知ることも、3年以上勤めるプランナーやパートナー企業スタッフには大切なことだ。なにしろ会社から「優秀である」と評価された人材は、他県の新店舗の副支配人やチーフプランナーとして異動の打診を受けることも多いからだ。いざその打診を受けた際に「なぜこんな場所に出店した?」という根本的なところを理解していないと、なかなか自分が納得する返答もすぐにはできないことだろう。

マーケティング戦略ではレッドオーシャン（既存市場）とブルーオーシャン（独自市場）という考え方がある。これを簡単に説明すると、レッドオーシャンは競争も激しく、労務や広告宣伝費も高くつく割に、純利益は少ない。かたやブルーオーシャンは競争相手も少なく、ましてや独自戦略＝オンリーワン戦略に基づいて出店するので、既存の会場とは競合関係にありながら、まったく別の層、つまり、既存店に不満を持ち、下見にもいかなかった層や、そもそも結婚式をする気はなかったが、「これならやってみたい」というなし婚層にも価値観を提供し、結果としてエリア内に十分居場所（売上）が確保できる。

さて、人口減少社会のわが国において、年間100組以上のプロデュースを少なくとも10年以上続けられて、エリアの婚礼組数が2000組以上、加えて売上としては1バンケットなら4億円、2バンケットなら8億以上の年間収入が見込める場所はどこか？　それを血眼になって探しているのが現在の売上上位企業なのである。

そうした視点で日本全国を見渡してみると、まずは十大都市圏が候補となる。十大都市圏とは、札幌・仙台・東京・横浜・名古屋・京都・大阪・神戸・広島・福岡のことだ。また人口の多い順に並べ直すと、東京23区を筆頭に、横浜市、大阪市、名古屋市、札幌市、神戸市、京都市、福岡市、川崎市（神奈川）、さいたま市、広島市、仙台市という順位となる。最近どこそのゲストハウス系企業が新規出店したというニュースを見ると、ほぼこれらの都市なのである。

出店における会社の初期投資額もぜひ知っておいてほしい。1バンケット1チャペルならば、新規物件（更地をレンタルして建築）ならば約3億円。2バンケット1チャペルならば約7〜8億円だ。一方再生物件と呼ばれる、既存の公共施設や地元老舗の結婚式場・料亭などでは、その伝統的な建物の外観や意匠などを残すことが義務付けられることもあり、新規開発のおよそ半分から3分の1でフルリニューアルができるとされている。

とはいえ、新規出店で3億円、再生物件でも2億円近くかかる、まさに社運をかけたプロジェクトの主要メンバーとして、「新店舗で立ち上げメンバーとして働いてくれないか？」と会社から打診を受けることは、大いに喜ぶべきことだ。社運をかけたプロジェクトメンバー、つまり選抜された優秀な人材評価を受けているということは間違いないからだ。新規営業における成約率が6割以上、所属企業内でもMVP、あるいはそれに近い評価を2年以上連続で受けているプランナーは、当然その候補者となる。この際、将来の個人のワークライフバランスを含めたキャリアビジョンが問われることとなる（詳しくは第八章にて）。

新規出店では、建築費や土地リース代のほか、地域に認知・浸透を促す広告宣伝経費が必要となる。ここでも集客戦略が要なのだ。過去に実際に会場集客のアドバイザーも務め、また地方を含めた会場オーナーとの交誼もふくめて言えることは、2年分の初期投資の広告宣伝費の中で『ゼクシィ』の雑誌とネットの費用を織り込むことだ。特にゲストハウスタイプに強い親和性を有する同媒体への出稿をためらえば命取りとなると、かつて会場オーナーにお話したこともあるが、初期認知媒体として『ゼクシィ』は欠かせない。

新店舗立ち上げのメンバーは、ゼロから運営オペレーションを組み立てるスタッフでもある。現地採用の人材教育やパートナー企業選びなどもあり、総合力が磨かれ、こうした経験は後に社内での地位ステップアップや、もし退職して他社に転職、あるいはフリーランスで独立する際にも貴重な経験として生きていく。だから新店舗の立ち上げメンバーに選ばれたならば、半年後に結婚するなどの特別な事情がない限りは、喜んでお受けし、大いに活躍してほしいものだ。

視点を移して、中央から乗り込んでくる売上上位企業に、地元企業としてはどのように戦っていくべきなのか？　マーケットに余剰スペースがあるからこそ、新規出店がある。まずはそこから検討し直すことだ。豊かなマーケットであれば「お手並み拝見」という姿勢が取れるが、前述した都市圏以外ではとうてい無理だろう。まるでこれまで地元に根ざして活動してきた運営の成績表が、半年後、1年後に突きつけられるような業績の差となって現われることも考慮に入れておかなければならない。

一方でチャンスでもあるのだ。地元ユーザーに寄り添い、満足度の高いウエディングを提供してきたという自負があるならば、この機会にゼロスタートという意識で、現場プランナーの意見を聞き、どのようにすれば新規出店の会場と戦えるのか？　あるいは戦わずに存在感ある独自路線を行くのか？　トップも聞く耳を持ってくれるこの時こそ、大胆な組織変革やイノベーションが可能となるはずだ。現場で働くプランナーは、そうした方向性で一致団結して、よりお客様に喜んでもらえるサービスとプロデュースをめざすべきだ。

こうしたケースにおいては、単にチャペルやバンケットをリニューアルしただけの会場は、いずれも建築会社だけを儲けさせて、新規出店側に敗れてきた歴史がある。お金をかける分野を誤ってはならない。大切なのは人、そしてマーケティング。オーナー社長の経験則や勘ではなく、人とマーケティングに注力する体勢に移行する絶好のチャンスととらえるべきだし、現場のプランナーは率先してマーケティングを学び、「この方向性なら勝てる」という戦略・戦術を上層部に伝えることが、自社のブランドを守ことにもつながるのだ。

さて、開業までのスケジュールだが、ゲストハウスタイプで新規に上物まで建築する場合には、最低でも2年前までには土地取得や土地リース契約が完了していなければならない。既存の建物をリノベーション（改装）してのリース契約では、やはり1年半前あたりがリミットとなるだろう。

開業準備室（仮の接客サロン）は1年前から8か月前にオープンし、どんどん先行予約を獲得する。したがって現地の支配人やチーフプランナーなどは、土地取得やリース契約完了前の段階で社長や人事部から赴任の打診があると考えていいだろう。この際、社内公募制を敷く企業もあり、「私にやらせてください‼」と手を挙げる優秀な社員もいる。

借地借家契約では、かつては10年という短いものもあったが、近年は15年〜20年で契約を結ぶケースも増えている。出店にともなう初期投資（イニシャルコスト）の回収は、以前は3〜5年が主流だったが、「あまり強引な営業をして、地域のSNSなどで悪評が広まってはブランディングどころではない」（支配人経験者）ということもあり、現在では5〜7年の回収モデルを取る企業が多くなっている。とはいえ、初年の売上は今後に勢いをつける意味でも非常に重要であり、ほぼその会場がマックスの状態で稼働するくらいの予約獲得が必要だ。1バンケットならば、少人数婚も含めて150〜200組が目標値とされているようだ。たいへん厳しい目標だが、達成したスタッフは社内MVP候補となり、キャリアアップに大いに加点されることになる。また立ち上げを経験したスタッフは、やはり一皮むける。将来の幹部をめざしているのなら、「やります‼」と挙手すべきだろう。

コラム

今日から始める婚礼マーケティング

業界には、自社創業者の経験則や勘だけで新規出店やリノベーション、あるいは大規模な営業プロモーションを行っている企業も多い。広告代理店やマーケティング専門企業に依頼すれば、はるかに効率的に目標を達成できるのに、それをしないでライバル企業に敗れてしまう。「週刊ホテルレストラン」にも婚礼業界に関するマーケティングデータを提供する、この分野のプロ・文殊リサーチワークスに、そうした点も踏まえ、新卒の新入生でも理解できる「初歩のマーケティング」をテーマに、アドバイスをいただいた。

・データを味方につけて難局を乗り切れ!

現在、ウエディングマーケットのデータトレンドはおおむねマイナス基調であり、将来的な市場の縮小を示しています。にもかかわらず、ブライダル業界はほかの産業に比べてあまりマーケットデータを重視しない傾向にあるのはとても残念なことです。というのも月次で発表されるデータでも、一見マイナスに思えるデータでも、背景には新たなビジネスチャンスが隠れていることも少なくないからです。データは目的に応じて活用すれば便利な道具になります。例えば読者がブライダル企業へのリクルーターならば、データで業界をより詳しく知ることができます。読者が入社数年目の社員ならば、データでより説得力のある企画を上司に通すことができます。読者が経営者ならば、データによる思考支援によって迅速な経営判断を下すことができます。大切なことはデータに振り回されるのではなく、データを活用することなのです。

・マーケティングの第一歩は自分を知ること

どんなサービスを？　また、どのような商品を企画すべきか？ターゲットは？など、仕事には様々な課題が次々と現れ、常に最適な答えを求められます。このような問題解決の第一歩は、まず自分の置かれている状況を知ることです。それは大きくは業界・企業・店舗のある商圏エリアの状況、そして自店舗と自分の業務状況などです。なんとなく把握している人は多いでしょうが、できるだけデータで、文章化して把握しておくことが大切です。そうすればなにかを提案したいときにも、すぐにほかのスタッフや部下、上司と意識を共有しやすくなります。また、「増えた」と「5％増えた」では印象が異なり、その後に続く発想も異なってくるでしょう。現在、社会は目まぐるしく変化しています。速やかな判断を下すためにも自分の状況をデータで認識しておくことをお勧めします。

・自分を知るためにベンチマークを比較する

自分を知ることで重要なのは、自分はどこのポジションにいるのかを把握することです。そのためにはベンチマークと比較して、自分や自分の店舗、自分の店舗のある商圏エリア、自分の企業、ウエディング業界がどの位置にいるか確認する必要があります。

ベンチマークは適正値や代表値であり、おおむね平均値を使用します。例えば、自分の店舗の売上のポジションを知るのには、公的データの店舗平均売上や自分の企業の店舗平均売上と比較してみます。自分の業績のポジションを知るのには、同じ職種のスタッフの平均売上と比較してみます。上のポジションにいるのか下のポジションにいるのかで今後の方針も異なっていくでしょう。あなたの業績の伸びがマイナスであったとしても、企業の平均売上やウエディング業界の平均売上がもっと大きなマイナスであれば、あなたは努力してある程度の成果を上げたということが主張できます。

・利用者アンケートは眠っていませんか？

自分を知った次には相手も知らなくてはいけません。相手とは顧客や競合施設・競合企業・競合エリアなどです。顧客を知るための手法のひとつに利用者アンケートがあります。式場利用者や店舗利用者、フェア参加者などにアンケートを取っている企業もあるかと思います。そのアンケート、慣習的なものになっていませんか？通り一遍の顧客満足や不満・要望を聞いて満足していませんか？利用者アンケートとは本来、戦略的に活用されるものです。スタッフや店舗、企業が現在抱える課題を解決するための設問を積極的に盛り込んでいくべきでしょう。細かい意見を聞きたい場合はグループインタビューが適しています。当事者が対応するとリップサービスが多くなり、本音が聞き出せないことがあるため第三者に任せます。知り合いを集めてくるのもＮＧです。適切な手法で調査を行い、課題解決に効果的なデータを入手するべきでしょう。

・複雑なデータを読み解いて高効率、高効果な選択肢を導きだせ！

例えば読者がブライダルチェーンの店舗統括になったならば、沢山ある店舗のうちどの店舗から優先的に投資・改善していくかを決めなくてはなりません。売上の低い店舗から？マーケットの大きい大都市の店舗から？判断するためにとりあえず視察に行くとして、ではどの店舗から行きますか？店舗売上と店舗増加率からファーストステップの視察の優先順位を４段階に分ければ、方向性がわかりやすくなって効率的になります。さらに、複雑なデータを総合的に分析する解析手法を用いれば、本来ならばもっと売上が獲得できる店舗、これ以上の売上は難しい店舗をピックアップし、売上に影響している要因の順位、店舗の強みなどを分析することができます。スピード感のある判断は感覚だけでは限界があります。仕事を高効率で高効果があるものにするには、統計解析手法は強い味方になります。

【文殊リサーチワークス・プロフィール】
商業・レジャー・農業など多分野にわたるマーケティング支援やマーケティングレポートで日本を代表するシンクタンクや企業からの業務委託のほか、雑誌でも婚礼専門誌、レジャー専門誌などで活躍中。特に新規施設開発・リニューアルにともなう立地評価・成立性の検証・顧客ニーズ調査のほか、チェーンオペレーションにおける店舗評価などを担当。http://monju-rw.com/

第七章

商品企画の戦略

オンリーワン戦略・差別化戦略について

まことに残念なことながら、かつてのウエディング業界は他社の商品企画で人気を博したものがあれば、安易に真似てきた歴史がある。他人のふんどしで相撲を取るといったことに、なんの躊躇もなかったのである。しかし時代は変わった。いまやユーザーはインスタグラムやツイッター、ブログなどのＳＮＳにすぐアップロードしてしまう。その結果、九州・沖縄だろうが、北海道であろうが、東京や大阪の会場のマネをしたことが、すぐにバレてしまうのだ。したがって、「他社に真似をされるので、取材はお断り」というフレーズが通用しなくなっている。それでもかたくなに業界誌に登場したくない、堂上の取材を受けたくないという婚礼企業もあるが、それはきっと別の理由があるからなのだろう。

真似ようとしても真似ができない、それがオンリーワン戦略である。必然的に差別化も図られる。例えば見た目、施設などのハード面は資金さえあれば真似できるものだ。しかし、人材育成やオペレーションなどを含めたソフトの面では、容易に真似をすることは不可能だ。人材育成を監督するコーチを雇って育てて、優秀なプランナーやドレススタイリストが実力を発揮し始めるまでは数年はかかる。オペレーションも同じで、「うちも来年から、当日ゲストにメインディッシュを2種類からえらんでもらうことにしたから」、「ゲストには泊りがけで来てもらって、まずは温泉に入っもらって夕方から披露宴にするから」と上層部に言われても、そのオペレーションで顧客満足が得られるレベルまでスタッフが習熟するには2年くらいはかかる。そんな理由からだ。すなわち、オンリーワン戦略とは、多くはオペレーションや人材面も含めたソフトの部分にあると考えていただきたい。

オンリーワンとは日本に、あるいは世界に類がない、ということだ。もしこの戦略が実現するならば、日本でここだけ、世界で唯一ということになる。するとどうだろう。エリアの競合関係を離れて、例えば北関東の会場ならば、遠くは沖縄や北海道からも「ここでしかできないと聞いたもので」とカップルがアクセスしてくるのである。「何を絵空事を…」という支配人やマネージャーもいるかと思うが、現実に、(株)リクルートマーケティングパートナーズが毎年主催する「グッドウエディングアワード」や、各地のウエディング協議会が主催する「プランナーコンテスト」では、こうしたオンリーワンの取り組み&プロデュース事例が報告されている。無論、特別な要望に応えたレアケースとして会場内では処理されていることもあるようだが、せっかくその会場とプランナーのポテンシャルを示しているのだから、何らかの形で商品化できれば、それはオンリーワン戦略にそったものだと言える。

さて、ウエディングとは一つの商品&サービスであり、このプライスによってユーザーから、高い安いの判断を受け、また魅力ある商品であればそこに価値を見出してくれる新郎新婦もいる。

商品開発の順序では、まず①アイデア（創出）、②スクリーニング（選別・選出）、③事業性分析（ビジネスになるかどうか）、④開発（プロトタイプ制作）、⑤テスト（シミュレーション）、⑥発売（市場投入）の6つの段階を経てリリースされる。例えば新規出店の会場、あるいは夏季・冬季のプラン作成のプロセスとして考えればわかりやすいだろう。プランナーなどのスタッフが次期シーズンプランやビッグフェアのアイデア出しを行い、それを現場マネージャーがリアルに自会場で、できるできないなどで選別、そしてもし実現したらどれくらいの需要があってどれほど収益が見込めるかを検討し、「これを実施しよう」と決まれば、サンプルとして新郎新婦に提供してその感想・反応を伺い、「これでいける」と判断すれば発売に踏み切るというものだ。

一方、商品開発においては3つのレベルがあり、中核となるのがそのA商品のベネフィット（満足感や希望、感動など）。そしてB実態部分としてブランドや品質、C附属部分として保証やアフターサービスである。Aに関して、当会場の新郎新婦は想定通りベネフィットとして受け取ってもらえる商品であるかどうか？　Bの品質の良さを感じてもらえるか？　などを十分に検討した後に発売に至るのである。

価格設定についてはどうだろうか？「これまでこうだったから」という慣習的な決め方はよくない（それを慣習価格と呼ぶ）。ライバル企業も年次で価格改定してきているので、実際にやり取りされているエリアでの実勢価格を把握することが大切だ。またコスト計算として赤字とならないための原価の確認も必要となる。

例えば挙式単価では、以下のような計算が必要だろう。チャペルリニューアルに今年2,000万円かかった。それを仮に10年で償却する予定として、毎年200万円を加える。プロデュース件数が年間100組とすれば、1組2万円となる。牧師・聖歌隊・オルガニスト派遣料がパートナー企業への支払いが1組10万円、チャペル装花も同様に1組3万円、と計算すると、チャペルプランナーやアテンダーなどの労務費は別として、価格設定は15万円以上にしなければ赤字となる。これでも「ずいぶん安い」とパートナー企業から文句を言われそうだが（笑）、牧師以外はオプションとすれば、とりあえず10万円という価格設定は可能だろう。

チャペルだけでなく、バンケットもそうだが、できればリニューアルは10年ごとくらいにしたいというのが婚礼企業の本音だろう。償却費をプライスにオンしなければならないのは、やはり競争に不利だからだ。そこでもやはりソフトへの注力が大切であることがわかるのである。ちなみにオンリーワン戦略には、「うちではヘリコプターにてガーデンからの入場が可能です」や「馬車に乗ってホテル前まで」という演出方面のほか、各社もいまは多様化したユーザーニーズに応えるのが基本姿勢となっている。一方、会社のトップがパートナー企業の生産現場まで赴き「これはもう少し効率化が可能ですね」などと利益率増大に努めている大手企業もある。地味だがこれもまたオンリーワン戦略と言ってもいい事例だろう。

決してぼったくりではない。原価率について

筆者はインターネットテレビの企画でベストセラー『さおだけ屋はなぜ潰れないのか？』の著者・山田真哉氏ともご一緒したことがある。さおだけ屋さんからクレームも来たそうだが（笑）、原価率が2割以下で、さらに詐欺的商法もあった、まさにぼったくりビジネスの真実を明らかにした山田氏を大いにリスペクトしているので実に貴重な機会だった。

どうもその点を期待されているのか、市場でフェアな競争をしていると自負する婚礼企業の皆様から、「結婚式はけっしてぼったくりではないとアピールしてほしい」とよく言われるのである。確かにそうで、現在では少なくとも業界団体や地域の協議会に参画する企業は、顧客満足を追求するため、原価率もかなり上げて臨んでいる。

一般的に式場業の原価率は4～5割とされている。5～6割が粗利となるわけだが、競争が激しいため定期的にチャペルやバンケットのリニューアルを行って、その投資を5～10年単位で回収。また民間最高のプロトコールであるウエディングのスキルを持った人材育成のために、プランナーやサービススタッフへの労務費、教育・研修費もあるし、体験的価値を提供する産業なので、未体験の新郎新婦に訴求するために広告予算も削れない。そうすると純利益はさほど生まれない

のである。

原価率の高い事業形態では、著名すしチェーン店では5割とされている。毎年市場の初売りで高額なマグロを仕入れることがニュースになるすしチェーンもあるが、ベルトコンベアで回していても原価だけはかかるのがすしチェーンだ。それでもテレビ広告が打てるほど事業は好調である。

飲食店の原価率は、フレンチ、イタリアンなどのレストランが4割、喫茶店が3割、スナックやパブが2割とされている。また料理そのものであれば、大手ハンバーガーチェーンのハンバーガーは30円、フライドホテトは20円と原価は安い。ちなみに大手コンビニのおにぎりは5円とされる。１００円バーガーでも7割の粗利、おにぎりは１００円で9割以上の粗利なのである。

また参考になるのは大手ファミレスチェーンの原価率だ。およそ4割とされている。多くの契約農家、漁協と提携し、年間の取引額で値引きを図っているために、ローコストでメニューが提供できているのである。同じようにホテルや結婚式場も、特定の契約農家と年間契約を結び、安定供給を図るとともに、グロスで仕入れ値をダンピングしてもらっている。だから例えば料理単価は1万円でも素材原価は3割ということも可能なのである。

もう少し、他業界の例を挙げておこう。墓石の粗利は5割、婚約指輪などの宝飾類も、もととなる石とデザイン料・加工費などで5割とされている。ユーザーが実際に払うプライスは高いとは思うが、そこに価値を感じるからこそ、購入するのである。しかし提供側からすれば、もちろん広告費も労務費もかかるし、けっして濡れ手に泡のような美味しいビジネスではない。ウエディング事業も同じで、はたから見れば1組70人のゲストで350万円の商品を売って、さぞやボロ儲けしているのだろうと他業界や一般の方からは思われているようだが、実情は施設投資や広告費、また労務費も3年で辞めてしまうスタッフがいるために、新たに募集告知広告に費用をかけて、料理は新郎新婦が決定理由にする項目だから赤字覚悟で、みたいな形で運営していくと、なんとか利益が出せるという、つまるところ他の産業界と同じ構図なのである。

ホスピタリティー産業の中核に位置し、さらには新郎新婦ファーストで影の存在であろうとするウエディング業界の皆様だから、これまでは事情をよく知らないマスコミや誤解したインターネットユーザーに「ぼったくり」など、実に失礼な批判を浴びても黙って反論せずに来たが、21世紀の企業のあり方としては、他業界と同じように反論していくことが必要だろう。もちろんアウトロー的にあり得ないプライスでありえないサービスを提供するウエディング会場やフォトウエディング会社もいまだにあるのだが、そうした会場や企業には、業界団体や地域の協議会の顧問弁護士経由で注意勧告を行うべきである。

プランナーとしては、料理説明がちょうどよい機会だ。「当社では最高品質の素材を契約先から大量に仕入れることによりコストダウンして提供できております」と胸を張って説明すればいいのだ。そして価格において不信感を持つユーザーに対しては、前述した他業界の実例を紹介しながら「永続的な活動をしていくために企業にとって利益は不可欠。しかし、何かと出費も多い時期のお客様には可能な限りリーズナブルなプライスにてご提供するよう努めております」と。

つまるところ結婚式場業の売上の中核を担うのは、飲食費。最近はファミレスでもフォアグラを扱い出したため、超高級ホテルの顧客は「ありふれてしまったので、フォアグラは使用しない」というカップルもいるそうだ。しかしトリュフやキャビアはまだ高級感を維持しているわけだし、フォアグラにおいても、「当社はフランスの契約農家からのブランドもの」という言い方で、差別化を図ることもできる。

一方、婚礼料理は高級食材ばかり使用しているのに、「なぜぼったくりといわれなければならないのか？」。それはアピールが不足しているからだ。参考になるのは、大手すしチェーンのＣＭや広告誌面だ。本当にフランス産のブランドフォアグラを使用しているのであれば、もっとアピールしてもいい。一般ユーザーに伝わるまでしつこく宣伝し、さらに新郎新婦のクチコミも大いに活用したいものだ。

今後、商品化が必要と思われるプラン

パッケージプランは、お得な商品としてユーザーに認識されているが、「なぜこれだけコスパがいいのか?」という中身についても、現在では透明化もある程度は図らなければならない時代だ。仕入れ原価まで説明する必要はないが、ユーザー側の「安かろう、悪かろうではないのか?」という疑念・不安を一掃する必要があるのだ。例えば夏季・冬季プランでは「この時期はお客様が少ないので、営業政策上、コストダウンしてご提供しております」。また、チャペルリニューアルオープン記念プランについては、「多額の投資をしておりますので、精一杯稼働させないと具合が悪いのです」くらいは話してもいい時代ではなかろうか? ビジネスでも頑張っている新郎新婦は理解し、むしろ内側の事情を明かしてくれたことでより信頼を寄せてくれることだろう。

ウエディング自体が商品だが、こうしたパッケージプランや季節限定・記念プランは、日常的に商品化しているので、商品の開発や商品化のプロセスなどもしっかりと検討して、より多くのユーザーに利用できるようにしたいものだ。

現在のラインナップとしては、必要なものがほぼ含まれているオールインワンの総合プランと、チャペルや神前挙式にフォーカスした挙式プランがまずある。そのほかに前撮りフォトプラン、

少人数ウエディングプラン、おめでた婚プランなどが一般的な品ぞろえ。このほかに特定のバンケットルーム限定プランや、先述した季節限定プラン、周年記念やリニューアルを記念したプランなどがある。

ホームページ上でこれらを見やすく、内容をわかりやすく紹介することが大切だ。それが大前提となるが、それにプラスして挙式プランや前撮りフォトプランなどは、別のサイトを設けてアピールしたい。なぜならば、70人以上の規模のウエディングを考えている層とは別の、「結婚式はお手軽に済ませたい」という層に利用してもらうためだ。明らかにユーザー層が異なる商品をごちゃまぜにして紹介するのは、スマートフォン全盛のいまの時代に不利だし、そもそもターゲット設定したユーザーにそれではきちんと情報がリーチしない。「挙式と写真だけでOK」の層を狙うならば、本体のホームページとは別の独立サイトをつくることが望ましいのである。

今後はLGBT向けのプラン、バウリニューアルプラン、プロポーズプラン、会費制・自己負担0円プラン、インバウンドWプランなどが増えていくだろう。この際もホームページ上での紹介だけでよしとせずに、それらの個別の層に向けた独立サイトを運営してアピールすることが求められる。もちろん自会場のエリアにおける、シーズやニーズの存在をリサーチによって把握した後、はたして顧客満足に足るサービスができるかどうか？　の内部検討と、そのノウハウ・オペレーションの習熟も前提となるだろう。商品開発のプロセスにしっかりと時間をかけて、ぜひ成功する商品を送り出してほしいものだ。

コラム

FPアドバイスで新郎新婦から頼られる存在に

実はウエディングプランナーが現在のように20代主体の女性に切り替わる前の1990年代中盤まで、式場やホテルの婚礼係（当時）は、結婚する二人が欲しがる情報である新居探しや生命保険の加入、ハネムーンのための旅行や出産前後の経験談など、総合的なウエディングライフもアドバイスしていた時代があった。現在はあまりにもウエディングの1日だけに特化し過ぎたのではなかろうか？　これからは生涯顧客化の観点からもアフターにおいても二人をサポートできるスキルが求められるようになるはずだ。特にファイナンシャルプランナー（FP）の知識があれば、二人の結婚前後のマネープランや家計管理へのアドバイスもでき、所属会場も「ファイナンシャルアドバイスまでできるプランナーが在籍する会場」という強みを持つことができる。そこでいまテレビや雑誌のコメンテイターとして活躍されているFPの風呂内亜矢さんに、ファイナンシャルプランナーのスキルを持つことのメリットや、そのための勉強法などを語ってもらった。

ファイナンシャルプランナー・風呂内亜矢氏

私自身も結婚・結婚式をするときには家計的な面が気になりました。また人生においてお金のことを考える機会は、結婚・出産・マイホーム購入・退職、あるいは自分で起業するときくらいで、普段はあまり関心が持てないかもしれません。結婚のタイミングはお金について真剣に考える最初の機会とも言えます。結婚式の費用以外にも、「今後のライフイベント、何にお金が必要なのか?」そこをアドバイスできるプランナーさんであれば、とても信頼される存在になれると思います。プランナーさんもヒアリングは日常業務ですから、同じようにサービスの一環としてお二人の家計状況を聞き出せば、そこからさまざまなアドバイスができます。例えば、初期見積もりを提示する際は、もっとも自然にヒアリングできるタイミングだと思います。

名刺に「ファイナンシャルプランナー」の資格を明記できれば、さらにスムーズです。金融・不動産・生命保険などの業種では多くの有資格者が接客していますが、大きなお金が動く結婚・結婚式におけるサービスとしても、ファイナンシャルプランナーの資格を持つことはお客様にとっても安心材料になります。

国家資格の「ファイナンシャル・プランニング技能士3~1級」の資格試験は、日本FP協会か金融財政事情研究会(通称・きんざい)を窓口に実施されています。受験料は、3級は学科・実技ともに3、000円、合計6、000円。2級は学科4、200円・実技4、500円、合計8、700円です。3級を取らないと原則2級の試験は受けられません。3級は一般の主婦が家庭経済の効率化などをめざして取得するケースも多く、就活で狭き門をくぐり抜けてきた優秀なウエディングプランナーさんなら合格を目指せるでしょう。3級でも体系的に学ぶことができるため、お二人に臆することなくお金の話ができるようになると思います。資格について詳しくは日本FP協会かきんざいのHPをご覧ください。また日本FP協会が認定する民間資格もあります。

FP資格を得ることで、お金に関する基礎知識が備わりますから、ご自身の今後のライフプランに家計の面から裏付けすることができますし、転職する際にも有利に働く資格だと思います。ただ注意していただきたいのは、単に資格を取っただけではなく、実際の接客の場面でお客様に喜ばれ、頼れる存在となるためには、日々の研鑽が必要なのだということ。ウエディングプランナーの皆様は多くの新郎新婦に日常的に接していらっしゃる。そのなかでファイナンシャルアドバイスの経験も積むことにより、「このお二人にとってはこの予算はどうか?」という顧客主体のアドバイスができるようになる原資となります。私も不動産会社で3000人のお客様にヒアリングした経験=原資があったからこそ現在があります。資格取得はお客様とお金の話をするための基盤づくりであり、その後の接客を通じて、より良いアドバイスができるファイナンシャル・ウエディングプランナーになっていかれるのではないかと思います。

【風呂内亜矢氏プロフィール】

岡山出身。26歳の時にマンションを衝動買いするものの想定外の費用に驚き、お金について勉強をスタート。その後、マンション販売会社に転職。年間売上1位の実績を上げるともに、３０００人以上の資産状況をヒアリングし、富裕層のお金のつきあい方を学ぶ。個人のお金の専門家である「ファイナンシャルプランナー」の最上位資格、１級ファイナンシャル・プランニング技能士、ＣＦＰ認定者などの資格を持つ。
HP http://www.furouchi.com/

2016年9月発売
「デキる女は『抜け目』ない」
（あさ出版）

第八章

ＷＰは長く働ける仕事だ

ベテランプランナーをめざしてほしい

入社後3年未満で辞めてしまうプランナーが多い業界だが、そこには個人の資質よりも、職場環境の未整備などで残念ながら働き続けられないという人も多く含まれている。本書の前回の発行時である15年前は、新卒の女子学生が就きたい職業のベスト5に入っていたプランナーの仕事だが、やがて休日に休めない（むしろ休日こそ繁忙）、定時に帰れない（平日でも打ち合わせは新郎新婦の帰宅時間から）、仕事がハード、しかし給料は安い、などの実情が知れ渡るにつれ、人気職業ランキングの上位から姿を消してしまった。

それでも他産業のなみいる著名企業に伍して、（株）Ｐｌａｎ・Ｄｏ・Ｓｅｅや、ＴＡＫＡＭＩ　ＢＲＩＤＡＬ（高見（株））などは就職人気企業ランキング上位の常連となっているように、優れた企業は就活面でも高い競争力を持っている。ＴＡＫＡＭＩ　ＢＲＩＤＡＬのようにドレス系企業は、式場業に比べて職場環境の整備に力を入れる傾向にある。福利厚生が充実しているブライダリウムミュー（（株）丸三屋）なども人気だ。

まず辞めるタイミングとしては就職して3年、とりあえず仕事は一通りできるようになり、それでも相変わらず給料は安いし、いつまで経ってもプランナーの名称にふさわしいプランニングやクリエイティブな仕事をさせてもらえないというものがある。これは企業にもよるが、そうした人たちが次にめざすべきポジションが社内に用意されていない、めざすべき先輩（ロールモデル）がいないという事情もあるだろう。かつては人気職種だったので、3年で辞める人がいても、次年度に新卒が入社してきたので、企業はキャリアパスを含む職場の環境整備に力を入れて来なかった。ところが人材難の時代となり、企業が本気で慌てだしたのはここ数年のことだ。ということで、現在では、一度採用した人材（財）には、できるだけ長く働いてもらうことが企業側にとってもメリットとなっている。

次に辞めたくなるタイミングが、結婚と出産。なおプランナーは他人の幸せづくりをお手伝いするあまり、自分のことを忘れがちで、まず結婚するにふさわしいと思える異性との出会いからして少ないようだ。そのため仕事に没頭するあまり、気が付いたらもう30歳手前。医学的な観点からは、第一子は35歳までに生むことが望ましいとされていることもあり、大いに焦るのである。そうなる前に、入社前の時点、遅くとも入社後2～3年経った時点で自分の将来のプランを立てておくことが重要だ。この会社で何歳まで働くのか？　や、いつ結婚するのか？　出産は？　などをプランニングし、そこから逆算して、結婚の何年前にはしかるべき人に出会っておかなければならないとわかれば、婚活にも力を入れるという具合だ。プランナーの中には、仲良くなった新郎新婦が友人を紹介してくれて、それがいまの旦那さんというパターンもわりとある。社内にいなければ、お客様と友人となり、そこから紹介してもらうという手もあるのだ。

そうして結婚・出産の時期を迎えると、今度は職場環境が重要となる。つまり乳幼児を育てながら、幼児を保育園に預けながら働ける職場であるかどうか？　だ。29歳で結婚することを考えれば、専門学校卒でも9年後、大学卒なら7年後にはこうした現実と向き合うことになるのだから、入社前に、それらの会社の取り組みを知り、「この会社なら長く働けそう」とわかったうえで入社同意書にサインすべきなのである。

出産前後は産休、出産後は育休を取得することとなる。そして育休があければ時短で働くことになる。社内制度として時短労働が用意されていても、利用者がいないという場合もある。それは絵に描いた餅であり、福利厚生でははすべてそうだが、現実に年間何人が同制度を利用しているか？　その実績数が重要なのだ。そして時短で働いた経験を持つ先輩に、その働き方や会社側とどんな話し合いをしたか？　などを聞いて参考にする。こうした点でも先輩＝ロールモデルがいると何かと安心だ。

さらに、結婚する際に旦那さんがイクメンかどうかも、大きく働き方に影響を与えると言っていいだろう。奥さんだけで育児も家事も仕事もできるわけがないのである。その意味から家事・育児分担は必須であり、結婚前からよくそのあたりは話し合っておくべきだ。そうして子どもが小学校の3～4年生になれば、もう自分でレンジでご飯を温めて食べられる年齢となり、大幅に手がかからなくなる。そこまでの我慢だ。また一度、子育てがたいへんで仕事を離れざるを得なくなっても、現在では復職カムバック制度を整備している企業も増えた。子育てが一段落したら、再び働くママとして活躍できるのだ。

プランナーもドレススタイリストも、経験を積み、ベテランになればなるほど、この仕事の奥深さに気づくようになる。年々更新される新しいトレンドや、ユーザー志向の変化に対応しながらも、豊富な経験則を生かせる存在となれば、企業もそれにふさわしいポジションを用意してくれるはずだ。またもし他のサービス業などに転職する場合も、5年以上のウエディングの経験は、必ず転職の際に有利に働く。民間最高のプロトコールである結婚式をつくっていた実績、350万円を超える高額商品を販売していたノウハウが次の仕事でも十分に生かせるからだ。

ところでプランナーのキャリアステップには、現場のスペシャリストと、支配人やマネージャーなどマネジメント系の二つがある。接客が何よりも好きで、プランナーとしてのスキルをとことん伸ばしていきたいと考えるならば、まずめざすべきは現場チーフ。これは後輩たちの教育係も兼ねることになり、人に教えるという行為は、実は自らの知識やスキルを再度、論理的に組み直して、体にしみこませるという副次効果もある。また現在の接客現場は20代の女性が多いが、親世代も試食会などには参加するわけだし、ドレスショップであれば、母親のきもの選びのお手伝いも重要な仕事だ。そうした観点からすれば、本来ならば20代から50代までの幅広い層の人材がバランスよく整っている現場が望ましいのである。60代のスタッフが働く職場があってもいいし、それが他社との差別化となるだろう。亀の甲(こう)より年の劫(こう)、長年ウエディングに携わってきた人生の先輩は、その経験から身につけた知恵など、若者には及ばない部分の力をもっているものだ。ぜひ読者の皆様も定年まで、あるいはその後も嘱託などの形で働いてほしいものだ。

一方、将来、支配人やエリアマネージャー、はては役員までめざすならば、バリバリとキャリアを積み上げていくことだ。そのためにもイクメンで家事・育児分担を喜んで引き受けてくれる良きパートナー選びが大切となる。女性プランナーは何か肩書きがつくと「忙しくなってしまう」、「責任だけ重くなる」などと尻込みする人もいるのだが、キャリア志向の方はそんなことは言っていられない。チーフ、アシスタントマネージャーと順調に昇進していくためには、責任あるポジションで働き、業績を上げて上層部にアピールすることが大切だ。加えて、男性管理職とも対等に渡り合うためのスキル、例えば営業戦略や、人材管理、教育などを勉強し、「あの人なら昇進するのが当然」と言われるような実績を積み上げてほしい。

男性の管理職が多い業界だが、女性管理職が多くなればなるほど、ユーザーに対しても、社内スタッフに対してもやさしい会社となるはずだ。また企業側も女性管理職が増えるための職場づくりに取り組んでもらいたいものだ。

業務支援システムの活用は長く勤めるための要

21世紀も17年を経過し、ＩＴＣ（インフォメーション・テクノロジー・アンド・コミュニケーション）分野ではすでに安定した稼働による「人の労力減」を実現している。その一方、他の産業界に比べて業務支援システムの導入が遅れた典型的な業界がブライダルだと言われている。優秀なプランナーや稼げるドレススタイリストたちを、人間ならではの間違い、勘違い、繰り返しの確認という低レベルの作業から解放してくれるのが、業務支援システムの最大のメリットである。にも関わらず、ウエディング業界はデジタルソリューションへの移行スピードが他業界に比べ遅れてしまった。しかし、現在の新婦はスマートフォンで式場やアイテム探しをする世代だ。スマホやｉＰａｄを始めとするデジタル端末の日進月歩の進化により、朝の通勤電車で前日見逃したドラマを楽しむ若い女性たちに代表されるように、その時代のユーザーにあったテクノロジーを用いて接客や集客を行うのが王道のはずだ。そこでこの項では、業務支援システムを取り上げ、その活用が労働環境の整備にとどまらず、営業面にも大いに寄与する時代となっていることを紹介したい。

プランナーやドレススタイリストなどの接客業種は、事務処理や決済が多い仕事でもある。また、手書きによる台帳管理、社内イントラネットの不整備によるスタッフ間のコミュニケーション不足、さらには婚礼サロンに接客用のノートパソコンを一台しか用意していないなど、旧態依然の環境のもとで営業行為をしいられているプランナーもまだ多い。業務支援システムを販売する企業によると、現在の普及率は6割程度だそうだ。本書の読者は残り4割の企業や会場に入社することがないように祈らざるを得ない。というのも、属人的なオペレーションにより、深夜にまでに及ぶ労務作業を強いられて、せっかく育ったプランナーやドレススタイリストが入社3年以内に辞めてしまう事例があとを絶たないからだ。「貴社は業務支援システムを導入されていますか?」という質問は、入社承諾書を提出する前の必須事項だと筆者は考えているほどだ。

では、業務支援システムとは何か? 端的に表現すれば、21世紀に生きる人間が手をくだすまでもなく、煩雑な、しかし大切な作業をコンピューターが代行してくれるシステムである。また最近のシステムにおいては、新郎新婦とのユーザーインターフェイス機能を有するものが主流となってきており、例えば成約後に、思い立ったタイミングでユーザーは希望する引き出物や衣裳などを豊富なデジタルカタログから選んで申し込むことができる。披露宴の座席表のゲスト氏名も新郎新婦が打ち込んでくれるのである。プランナーにとってこれほど助かることはない。しかもユーザーは楽しみながら選び、決定できるようカタログの画像も魅力あるものであるし、ストレスなくクリックで決められるようになっている。それを後日、プランナーは打ち合わせ時に二人に再確認し、最終決定する。

もちろん、パートナー企業との連携もできるシステムとなっている。いちいちファクスで注文伝票を送る必要はない。さらに社内でも情報共有されているので、担当プランナーの急な欠勤の際にも、他のプランナーがシステム上に残された履歴を見て臨時に対応することも可能だ。

システム導入により、「ウエディングプランナーは深夜まで仕事があり、休めず、しかも給料が安い」とSNSなどを通じて拡散しているマイナスイメージの労務環境を改善できるほか、新郎新婦においても「成約後はなにも連絡がない」というクレームを未然に防ぐことができる。システム導入で新たにできた時間で、プランナーは本来の業務である〝100組100通りのウエディング〟を実現させるためのヒアリングやプランニングに時間をあてることができるのである。

初期導入も、かつてはサーバーを自社内に設けるスタイルだったものが、現在はクラウド活用となり、販売メーカー側がサポートしてくれるようになっている。また初期導入コストも、年間の実施組数に応じた成果報酬型サービスを提供する販売メーカーもある。このように導入の環境も整っているのだから、まだ未導入、あるいはかつて高額を投資して導入したけれど、活用できずそのままという企業や会場も、もう一度導入の検討をしてもいい時代となった。

ＩＴＣにより、社内の業務オペレーションが変革・改善されることのメリットは、本稿では紹介しきれないが、リアルタイムのチャット機能やライブ映像機能を備えるシステムであれば、直に対面して打ち合わせをしなくてもすむので、例えばリゾートウエディングなどの会場プランナーは大いに助かるだろう。ライブ映像機能はスカイプでも代替できるが、東京五輪開催の

2020年には標準装備となっていることだろう。

イニシャルコストの負担があまりない成果報酬型で提供するシステムでは、年間50組程度のプロデュースを行うレストランや、例大祭などの行事で組数を限られる神社、フォトウエディングの施行数の多い企業などに導入メリットが生まれる。同時に、年間50組であれば、売れっ子のフリーランスプランナーの需要も見込めるだろう。

システム導入に関してのポイントは、まずは導入コスト。次に現場ですぐに活用できるものであるかどうか？　そして自社や自会場のスタイルに親和性があるシステムであるかどうか？　など。もちろんそのほかに検討すべきことはあるのだが、現在の業務システムは10年前とは別ものように進化しており「導入研修からわずか2週間後に本格稼働し、特に問題なくシステム稼働している」との販売メーカーの声もあるほど。

まだ未導入の会場に勧めているプランナーであれば、以上のメリットを踏まえて現場の意見としてトップに導入を促すことも、会社メリットの追求という点ではまったく問題ない意見具申となるだろう。今後の課題は、せっかく新郎新婦とのユーザーインターフェースを実現する機能を実現しているのだから、「アイテム選びも楽しい」と思わせるようデジタルカタログの充実はもとより、ゲーム的なエンターテインメント的な要素や、その一方でマナーなどのウンチクも付加できれば、いまの若者層により満足度の高いものとなるだろう。

業界団体に所属することのメリット

ウエディング業界には、業界の健全な発展や消費者ファーストの姿勢、婚礼文化の継承などを目的として活動する複数の団体が存在する。結婚式の社会的意義や価値などを世間に向けて発信し、少子化抑制のための取り組みにも注力するなど、ソーシャルな活動を行っている。また資格制度を設け、現場のスペシャリストやマネジメントスタッフの養成にも尽力している。

これらの団体に所属するメリットは多いが、中でも「日ごろは館内だけで仕事をしているので、セミナーや懇親会に参加すると、広い視野が持てる」、「他の会場に所属する先輩や同世代の会員から、新たな情報が得られ、また貴重なアドバイスももらえる」、「資格検定や研修などスキルアップの機会が得られる」、「スペシャリストの資格を取得したことで、顧客からも信頼される」などが代表的なところだろう。お客様から聞かれてわからずに困ったことなども、団体事務局に問い合わせればその分野に詳しい専門家の回答を返してくれるなど、何かと頼りになる。

ここでは、業界の主な団体を紹介しておこう。入会金や会則、資格制度などの詳細は各団体のホームページを参照してほしい。

○公益社団法人 日本ブライダル文化振興協会（ＢＩＡ）

1995年に通商産業大臣の認可を受けて設立され、現在は公益社団法人。「日本ブライダル大賞ザ・マスター・オブ・ウエディングプランナーコンテスト」を毎年開催。また会員誌「BIAコミュニケーション」を発行。資格認定では中級者向けの「BIAブライダル・コーディネーター（BC）」や、学校などで取得できる入門編的な資格「イントロダクション・ブライダル・コーディネーター（IBC）」などがある。

○一般社団法人 全日本ブライダル協会

日本・世界の婚礼文化の継承と新しい時代にふさわしい婚礼のあり方を提案する「Yumi Katsura Grand Collection」を毎年開催。また世界の婚礼文化交流を図る「アジアブライダルサミット」も開催。資格認定セミナーではブライダルコンサルタント1級を取得する「ブライダルトップセミナー」のほか、「ウェディングプランナー養成講座」、「シビルウェディングセミナー」がある。

○全米ブライダルコンサルタント協会（ABC協会）

米国コネチカット州に本部を置く団体の日本オフィス。ウエディング先進国アメリカの最新トレンドとともにトッププランナーやヴェンダー（各種専門業者）を招聘したセミナーを毎年開催。資格取得セミナーは、プランナー向けのプロフェッショナル・ブライダルコンサルタント（PBC）、ヴェンダー向けのPWV、ドレススタイリスト向けPDSなどがある。

○一般社団法人 IWPA国際ウエディングプランナー協会（IWPA）

毎年7月に「ウエディングプランナー&ビジネス交流会」を開催。また、フリーランスウエディングプランナー・スタートアップ講座も開講。資格認定では「IWPA認定ウエディングプランナー」のほか、2016年8月より住宅・建築、医療・介護、スポーツ・文化教育など各種の分野での資格認定を実施している70年の歴史を誇る「内閣府認可　一般財団法人職業技能振興会」との共催で、「ウエディングプランナー資格1級・2級」の全国統一検定をスタートした。

○ウエディングスビューティフル（WBJ）

米国の婚礼団体NBSの教育部門「ウエディングスビューティフルワールドワイド」の日本支部。「ウエディングプランナー育成プログラム」、「ドレスコーディネーター育成プログラム」などのほか、ハワイでの研修、認定資格制度なども特色。またLGBTプロデュース教育にも力を入れている。

以上が全国的な活動を行う団体だが、そのほかにも婚礼企業の若手経営者が業界の透明化・健全化を図る目的で活動する「一般社団法人　次世代ブライダル協議会（NGBC）」、神社関係者が結婚式について研究する「神社挙式研究会」や、婚礼文化への理解を深め総合的にコーディネートできる人材を育成・サポートする「JBSA日本ブライダルスペシャリスト協会」などもある。

一方、全国各地にはその地域に根ざした活動を通じて、婚礼産業の発展と地域活性化を図る団体も数多く存在する。

「箱根・小田原ブライダル協議会」（神奈川県）、「神戸ウエディング会議」（兵庫県）、「岡山ウエディング協議会」（岡山県）などの活動がよく知られるところだが、近年は少子化の進行にともない地元婚礼人口の減少や、他県の大都市圏への流出という業界だけの課題だけでなく、地元に住む夫婦の数が減れば、それだけ将来の人口減と税収減、消費人口減というマイナスのスパイラルが地域の全産業に及ぶ。そのため地元のウエディング業界の有志企業が地域おこしの観点から、暮らしやすい未来社会のために活動を始めているのである。同時に、ウエディングの営業やプロデュースにおいて、消費者の信頼を損なうことのないように努め、費用の多寡にかかわらず「結婚式はいいものだ」という価値観を地域住民に持ってもらうことをめざしている。

そのことをより広める活動として、近年は素敵な結婚式をつくりあげたプランナーをコンテスト形式で審査し、優秀者を表彰する公開イベントを開催する団体も増えてきた。コンテスト当日には地元新聞やテレビ局なども取材に訪れ報道するため、入賞したプランナーが所属する会場や企業のブランディングにもつながるし、素晴らしいウエディングが行われていることを地元民に知ってもらう良い機会となっているようだ。

なお、一年に一度、こうした全国の地方団体が集い、互いの取り組みや課題克服の知恵を出し合い、優れたノウハウを共有する「エリアウエディングサミット」も開催されている。筆者も立ち上げから協力しているが、全国各地でこのような業界を盛り上げる活動を地道に続けていくことが、なし婚層増の抑制につながり、より素敵なウエディングをプロデュースしていくために必要なことだろう。

特別企画

結婚式をとりまく
さまざまなプランナーの仕事

株式会社スティルサンク
代表取締役 濱野紹央子氏

ビーイー株式会社
代表取締役 安田仁実氏

株式会社ハセガワエスティ
小原悠人氏／小林桃氏／粉川俊明氏

取材協力／（株）オータパブリケイションズ

【企業データ】
株式会社スティルサンク
代表取締役／ウェディングプロデューサー　濱野紹央子氏
東京都中央区銀座6－6－1銀座風月堂ビル5階
TEL　03－3486－1618
http://www.style-cinq.co.jp/

ウェディング　プロデューサーは「想像力」と「創造力」が大切
～〝心に響く〟言葉を自分自身の言葉で～

私の結婚式を機に日本では未知の職業が誕生

私は自分の人生で、心から大好きなことを仕事にしながら毎日を生きている世にも幸せな人間の一人です。

その仕事の名は「ウェディング　プロデューサー」。またの名を「ウェディング　コンサルタント」、「ウェディング　デザイナー」、「ウェディング　プランナー」とも申します。

私には「ウェディング」という言葉は、英語のスペルも響きも、すべてが、子どものころから今にいたるまで、一度も色あせることなく心ときめかせてくれる大好きでたまらない素晴しいものでした。

そう、私にとっては　まさにステキなファンタジーの世界なのですから、毎日が幸せに決まってますよね。

実際この仕事は私にとって、まさに天職といえるもので、まだ日本に「ウェディング　プランナー」という言葉も肩書きもなかったころに、自分の結婚式のために、ごくごく自然の成り行きで、ずっと思い描いてきた結婚式を一つ一つ現実のものとして作り上げ、当日を迎えたことに始まります。まさにそのことが今の私の仕事の原点であり、日本では未知の職業だったウェディングプロデューサーの誕生となったのです。

私は、決してただふわふわと贅沢なウェディングを夢見ていたわけではありません。私にとって、結婚式は元々の意義のとおり、新しい人生を歩み出すための大きな通過儀礼であり、大きな決意と覚悟の伴ったものとして厳粛にとらえていました。

サプライズではなく心の〝響き〟を自分の言葉で

女の子はステキな王子様に見初められて結婚し、綺麗な花嫁姿で嫁ぎ、愛する人と、幸せも苦労も分かち合いながら一生懸命家庭を築き、子どもを産み育て、ともに白髪になる日まで笑ったりけんかをしたり…そんな人として何より自然な生き方ができたら、いつの時代もそれ以上の幸せはないと、私はあれから何十年経った今でも同じように考えています。

つまり私は、新郎新婦と結婚式を作り上げて行く過程の中で、いつも結婚式の後の、お二人の幸せについて常に意識しているように思います。

それは自分自身のときも同じでした。

結婚式は、その後に来る毎日の生活の中での、思いもかけない苦労や悲しみを、二人で助け合って、またときには心が離れそうになっても何とか努力をして乗り越えるための「決意の表明」であり、「先取りのご褒美」でもあるし、初心を忘れない為に 本来なくてはならない大切な儀式なのだと思います。

人は、この世に一人で生まれ、一生懸命頑張って生きていきます。長いようで短い人生を、「両親や兄弟姉妹という血のつながった家族」以外に、「夫や妻という、共に生きるパートナー」を得ることの幸せを、現代の日本人はもう一度、真剣に考えてみる時期に来ているのではないかと最近つくづく思います。

高度成長期のような日本はもう来ないし、来る必要もないと思います。これからの日本はもっと真剣に今の平和のありがたみを感謝して、人として何が大切かをまじめに考えたら、結婚や結婚式の在り方、方向性も自ずと見えて来るのではないでしょうか。

これからの若いウェディングプランナーの皆様の役割は、新郎新婦が、「人生の中で何のために結婚式をするのか」について、〝本当の意味〟で心に響くお話ができることです。響くという意味はサプライズということではありません。結婚式を挙げるという奥深い深層心理をとらえ伝えていくことです。そのためには、自分自身の言葉にきちんとした重みを感じて信頼していただけるような自分磨きを常に心がけることが必要だと思います。

常に先を読める想像力を身につけること

同時に、ウェディングのお仕事にかかわる人にとって大切な性格的要素は、状況に応じて一瞬で判断のできる機転のきく想像力ではないかと思います。常に真剣に自分の廻りの状況にアンテナを張り、トラブルやクレームを回避する能力を意味します。それこそがウェディングに関わる者として、「最高の宝物となるウェディング」を創り上げる為の「使命であり誇り」なのだと思います。

このような能力は育った環境や生まれ持った資質にも大きく影響されることも事実です。でも最終的には、本人の仕事への思いがどれほど強いかで、人はいくらでも成長をしていくことができるのです。はじめは難しくても、自分で意識していれば自然のうちに段々とたくさんのことを身に付けることが可能だと思います。つまり簡単にいうと「ボーっと毎日を生きていては務まらない典型のような仕事がウェディングプロデューサー」なのです。

もっと本当の本物を求めている男女

私は15年程前に欧米風のウェディングの世界観をいち早く織り込みながら、遅れていたビジュアル面や本当の意味でのお二人を輝かせる結婚式をたくさんプロデュースしてまいりました。なぜならそのころの日本の社会は、女性のファッションセンスや生活面でのデザインに対する意識も向上していたにもかかわらず、結婚式の場面では、ごく一部の会場以外はまだまだ遅れていたからです。

でも今は違います。結婚式を行う施設はいろいろとステキな趣向をこらし、ビジュアル面でもお料理でもとてもレベルが高くなっています。

でももう、その努力や観点だけでは婚礼の組数は増えないと私は確信しています。それは「結婚をする意味」や「結婚式を行う意味」を考え悩んでいる男女が多いからです。つまり、「もっと本当の本物」を求めているのです。

「すべてに最高のクオリティを求めるウェディング」、「なるべく費用を押さえたいカップル」、「おめでた婚」、「再婚」、「バウリニューアル」などなど、これからの日本のウェディングシーンにはまだまだたくさんの未来が待っています。まさに創造力次第で、案外伸びしろのある分野だと私は思っています。

人間力はちがいを認めることに始まる

ウェディングのお仕事は、人生のすべてを網羅しているため、自分を常に磨き続けることのできる本当に魅力的なお仕事です。

日本の結婚式を行うためには、日本の伝統的な知識も必要ですし、欧米のしきたりや、キリスト教の知識まで必要です。ハードルは高ければ高いほど、人は成長し自分の将来に必ずかえって来ます。

今の時代は、自分さえその気になれば、いくらでも学ぶことができます。図書館でもブライダル関連の書籍はいくらでもありますし、美術館でも気軽に世界中の本物の美術品を目にすることができます。ブライダル以外のすべてのことも、何一つムダにならない教養を求められるのがウェディングのお仕事です。奥の深い最高のお仕事だと思います。どのような分野の仕事でも、学びこそ一生必要なことです。その中でもとりわけウェディングプランナーとしてお客さまから絶大な信頼をいただくためには、たくさんの知識の引き出しを持っていることと本物の人間力を磨き続けることだと思います。

人間力を磨くためには他人と自分のちがいを認めることです。他人に限らず家族も同様です。世の中に誰一人同じ人はいません。容姿も考え方や表現方法も異なります。私はこうだからと自分軸で物事は判断できないのです。ちがいを認めることで心が広がります。相手を認め、相手の思いに耳を傾け、真摯に対応すること、対応し続けることなのです。そうすればきっと人間力が高まり、いつしか信頼される存在となることでしょう。

お客さまとの対応で自分自身を成長させてもらえる、こんな素晴らしいお仕事はありません。私自身、毎日が学びであり、責任ある緊張感もきっと喜びなのですね。

【企業データ】
ビーイー株式会社
代表取締役　安田仁実氏
兵庫県神戸市中央区山本通2－4－27　1階
TEL　078－222－2177
http://www.bie-and.co/

美容専門学校卒業せずとも技術者・管理者として自己成長できるステップ確立

フリーのヘアメイクアーティストとして活躍後、神戸にメイクアップスタジオを設立。以来、婚礼美容に特化した事業を展開しているのが安田仁実代表率いるビーイー株式会社だ。ヘアーメイクの専門学校を卒業せずとも、自身の向上心次第で技術者として人として成長することができる。常に新しい視点に着目し、旧来の婚礼美容業界の改革に挑み続けている。

さらなる企業飛躍を目的に社名変更

ビーイー株式会社率いる安田仁実氏はフリーのヘアメイクアーティストとして活躍後、株式会社ヒトミヤスダメイクアップスタジオの社名で起業、2年前「ビーイー株式会社」に社名変更した。そこにはパーソナルビジネスからカンパニーとして、日本のみならず世界を舞台に飛躍するという熱い想いがあった。飛躍するためには男性の力も不可欠であると考え、男性もエントリーしやすい社名に変更し、現在ウエディングシューズ「ベニル」の販売を担当している。

専門的な技術なくとも受け入れる新卒採用実施

4年前より新卒者に向けた会社説明会も開始した。技術や知識がなくても本人のチャレンジ精神があればステップアップできるシステムを構築し、短大・大学新卒者への門戸を開いた。中には3年でヘアメイクはもちろん、エステの施術までマスターし、マネージャーとして勤めているスタッフもいる。

「私はもともと化粧品への関心が高かったことと、大学2年生からホテルで配ぜんサービスのアルバイトのときに見ていた結婚式の感動は、何度見てもあきることがなく、とても幸せを感じていました。もっと深く入っていきたいという思いから、大好きな美容と結婚式に関わる仕事を美容の専門学校を卒業しなくても実現できるビーイーの存在を知りエントリーしたのです。入社後は結婚式当日、

花嫁に付き添うアテンド（介添え）としてスタートし、お客さまが安心して一日を過ごすことができるよう、お客さまに寄り添ってさまざまなケアーをしました。お客さまに〝ありがとう〟と感謝の言葉をいただいたときは本当に嬉しかったです。それからもっともっとこの仕事を突き詰めていきたいと思い、ヘアメイクの技術とエステの施術も習得し、トータルケアできるようになりました。今はマネージャーとしてスタッフの管理や数字的な管理まで行なっています。自分の努力次第で成長できること、確実に成長していることの喜びはさらに自身を磨いていこうという意欲につながっています。結婚式はそれぞれに想いが詰まっていて、簡単な仕事ではありません。だからこそ、皆が成長していけるよう、これまでフォローしていただいた先輩たちの意を受けつぎマネージャーとして勤めていきます。」（ビーイー神戸店　マネージャー　谷口直美さん）

技術者と花嫁を仲介するコーディネーター役も

顧客満足度を高めるために花嫁と技術者の間に立つポジションも設けた。新婦の不安や不満の声を聞き、その解決策を新婦と技術者の間に立って調整したり、最高の一日を迎えられるようにエステを勧めたりなど、新婦に寄り添いお互いに納得の中で、当日までサポートしていく。きちんと耳を傾けられるヒアリング力や提案力、コミュニケーション力を備えることでコーディネーターとしての能力を発揮することができる。

結婚や出産でいったんは現場を離れても、フリーのヘアメイクや、後輩たちへの指導者として戻れるようさまざまな技術や能力をつけられる教育プログラムを組んでいる。福利厚生も整え、働きたいという意識があれば、会社として受け入れられるよう努めている。

「限りある労働力や能力を最大限に引き出し、いつまでも生き生きと成長し続けていくことを使命とし、成長を見続けられることが私の生きがい、楽しみなのです。」

数字は人気のバロメーターを意識付け

誰でも顧客からの問い合わせや要望に対応できるように顧客管理のシステム化や、アクションプランの導入も実施した。技術と売り上げアップを意識させること、数字は人気バロメーターだという認識を持たせることを目的としている。評価は顧客の声のほか、会場プランナーからも収集している。

〝資格は自身の努力が目に見えるもの〞という考えから、資格取得者にはレベルアップできるキャリアプランも掲げ、チャレンジできる環境を整えている。

「新卒採用を継続して行なうとともに、待遇面でもっと意欲的に働ける環境整備をしていきます。技術手当てや職務手当てを明確化し給与に反映していきたい。」

安田仁実代表の企業化に向けた挑戦はまだまだ続く。

【企業データ】
株式会社ハセガワエスティ
代表取締役会長　長谷川高士氏
東京都渋谷区東2－6－16　S・T・フォレスト1階
TEL　03－5766－9066
http://www.hasegawa-st.com

毎週毎週、家族のドラマに立ち会えるウエディング映像の奥深さに感動

小原　悠人

ハセガワエスティの映像子会社であるエスティビジョンにて制作部の責任者をしています、小原悠人です。弊社はウエディング映像の制作を中心に、最近では企業VPやミュージックビデオ、またCMや映画の制作などをしている会社です。

私が2011年にエスティビジョンに中途入社して、今年で早5年が経ちましたが、それまでの私は立教大学で映画を専攻し、サークルの映画研究会で自主映画を制作していました。卒業後も映画の専門学校に進学し、

まさに映画漬けの日々を送っていました。これまでに見た映画の本数は２０００本を越えます。専門学校を卒業してフリーとなってからは、映画のカメラマンやプロ野球ニュースの映像編集、医療用ビデオの制作などを手がけてきました。

そんな私がなぜウエディング映像の世界へと足を踏み入れたかと言いますと、それは毎週毎週家族のドラマに立ち会えるからです。私はごく個人的な想いから、常々家族をテーマにした映画を撮りたいと思っていました。ですから、様々な家族のカタチに直に触れることで、私自身の考えも深めていきたいという想いがあったのです。

そして実際に、やはりウエディングの現場は感動と驚きに満ちあふれています。

私は披露宴の最後に行われる新郎新婦から両親への贈呈シーンが特に好きなのですが、そこでは家族同士が握手をしたり、包容したり、身体が触れ合います。その瞬間に新郎新婦や家族の感情が一気に噴出する光景は、本当に感動的です。

私が今まで見てきた贈呈シーンで一番驚いたのは、これまであまり感情を出さないできた新婦が、その最後の贈呈シーンで、お父様のツルツル頭に熱い接吻をするというものでした。あまりに突然の出来事にお父さん含め、会場中が驚きましたが、その後笑いと拍手が起こり、会場は暖かい雰囲気に包まれました。こういった感情が行動として現れる瞬間を撮影できることが、ウエディングカメラマンの醍醐味でもあります。

結婚式の撮影で私が何より心がけていることは、人間を「見つめる」ということです。ビデオカメラマンとして撮影技術が必要なのは勿論の事ですが、それ以上に隅々にまで気を配れる視野の広さが求められる現場です。

徹底的に「見つめる」ことで、瞬間的に会場全体の人の動きや感情を把握し、今撮らなければならないものを切り取っていきます。

今後もエスティビジョンは「映画のようにドラマチックに」をモットーに、人の感情を「見つめる」ことができる、心あるウエディング映像を制作していきたいと思っています。

一つの目標に向かって様々な人たちとのチームワークの大切さを学ぶ

2011年4月入社　マネージャー　小林　桃

入社のきかっけは、学生時代に進路に迷ったとき、授業でハセガワエスティの会社説明会と体験授業がありました。それまではプランナー志望でしたが、司会と音響の息の合ったコラボレーションを目の当たりにしたときに感動し、興味を持って入社しました。

入社後、平日は事務所にて社会人としての基本的なルールやマナーを習得し、様々な業務を経験しました。土日は音響の現場で本番オペレートとお客様との打ち合わせなど、平日の仕事とは違った緊張感で挑みました。

初めての現場の仕事を担当したのはレストランでの婚礼。先輩のサポートはあったものの、一人で音響、照明、映像のオペレーションをすることがとても大変でしたが、同じ会社の司会者や周りのスタッフの方々の助けもあり無事にデビューできました。

その後は、任される仕事も増えていく中で平日も音響業務に関わることも多くなりも様々な経験を積み、徐々に会場側のスタッフの信頼を得ていきました。そして、その実績が認められ、新店舗の立ち上げリーダーに抜擢されました。

新店舗立ち上げで苦労した点は、現場のオペレーションだけではなく、立ち上げに向けての運営方法やルール作りを考えていくことでした。会場側との交渉をいかに円滑に進めるかを考えながら臨みました。それによって、一つの目標に向かって様々な人たちとのチームワークの大切さを学んだのです。

また、今までの経験を活かして、自分が思い描いたイメージしたものが形になりました。

また、婚礼以外にもファッションショーなどのイベントのライティングにも携わる機会もありました。そういった普段とは違った現場を経験することで、専門的な技術と知識をブライダルにも生かせるようになりました。

その中でも、印象に残っていることがリゾートウェディングのプロデュー

ス業務で音響、照明の立ち上げに携わった時。新婦が、仕事のパートナーでもあり、初担当のお客様でもあるという。会場が南の島という特別な場所で、晴れだったり、雨だったり天候が読めない外での挙式だったため、とっさの判断が必要な現場でしたが、無事成功に導けました。

そんな特別な思いで挑んだイベントは、まるで家族のようなチームワークでした。

現在は様々な経験を活かし、ゲストハウスの責任者に大抜擢。

レストラン、ゲストハウス、リゾートウェディング、など様々な現場でで養った経験を活かし、チームをまとめ上げるリーダーとして第一線で活躍していきたいと思います。

～スポットライトを浴びるより、当てる人になりたい。「縁の下の力持ち」に憧れて～

２００８年入社　統括マネージャー　粉川　俊明

ハセガワエスティの統括マネージャーをしております、粉川です。
幼い頃から母に、「大きくなったらスポットライトを浴びる、主役になれ」と言われて来ましたが、私はスポットライトを当てる人になりたかったです。とにかく漠然と、「縁の下の力持ち」、という言葉が好きでした。

現在、都内の会員制ホテルを担当しています。

披露宴、企業の会議やプレゼンテーション、ご宴会、ホテルイベントなど。。各種宴席の音響・照明・映像の施行に携わっております。

披露宴に音楽はもちろん必要です。

そこに照明が加われば、視覚的効果も足され、より一層、空間を華やかに彩ります。

司会コメントで、または曲に合わせてその瞬間にスポットが当たったら。。カラーが変化したら。。

ドラマや映画のワンシーンを見たり、コンサートの照明を見たりしながら、会場で出来うる照明演出を模索していきました。

披露宴なら、どうしたら新郎新婦やゲストを引き立てることが出来るか？

プレゼンテーションの場なら、音響や映像を含め、クライアントが何を求めているか？　どう魅せたいか？

これらを読み取ることが大事であると考えています。

披露宴のお開き後に「ＢＧＭ、バッチリでしたね！」、「オープニングのライティングがカッコよかった！」と言われたり、宴席なら進行担当の方からの『ありがとう、おかげでうまくいったよ』のひとことが、最高の喜びです。

その瞬間を最高の空間にする為に、これからも私は縁の下の力持ち・影の主役であり続けたいと思います。

おわりに

本書は途中、筆者が体調を崩したこともあり、企画決定から発行まで足かけ2年半を要した。発行元のオータパブリケイションズ様や担当の山下様にはその間、ご迷惑をおかけしたことをこの場でお詫び申し上げる。

この業界をめざす新卒や転職者向けに、入門編的な前半と、けっこう高度な用語も飛び出す中級編の入口的な後半という構成となったが、婚礼だけで32年の記者歴、婚礼エージェントの社員として、また会場の集客アドバイザーやゲストハウス企業の周年史の執筆なども担当した筆者だからこそ書ける後半部分でもある。

読者の皆様に申し上げたいことは、確かにウエディング業界は人口減少社会の影響から、毎年、ユーザー母数となる婚姻件数が減り続けている。しかし、そんな中でも着実に売上を伸ばし、成長を続けている企業があるということだ。SWOT分析における機会（Opportunity）と脅威（Threat）の外部要因をものともしていないのである。"おかれた場所で花を咲かせなさい"という言葉があるが、まさにその実践ができるからこそ売上上位にポジションできる企業であり続けるのだろう。

もう一つ重要なことは、小池都知事の都民ファーストではないが、ユーザー（消費者）ファーストとしての姿勢と、売上・収益とのバランスをいかにうまく取るか？だ。新郎新婦や両親への思いは大切だし、大いにホスピタリティーを発揮すべきだが、企業は売上によって従業員の生活を支えている面も忘れてはならない。また企業や会場の健全な存続は、新郎新婦にいずれ戻ってくる場所を提供することでもある。第八章でプランナーのキャリアは現場のスペシャリストとマネジメントの2方向があると記したが、まさにこの両輪がうまくかみ合ってまわっていくことで、企業・会場のサステナビリティーが約束されるのではなかろうか。

一方、業界の皆様に申し上げたいことは、とにかく透明化・健全化に努めていただきたいということだ。そのためには、一部メディアの「結婚式はぼったくり」などのマイナスの表現を改めてもらう必要がある。そのために第七章で原価率の項をわざわざ設けた。また行き過ぎた営業行為や、担当プランナーが当日は辞めてしまっているなど、地方にはさまざまに課題を抱える会場もある。地域の協議会が率先してパイプを設け、アクセスし、協議会への参画を促すなど孤立化させずに、エリアの健全経営のルールに従ってもらえるよう説得すべきだろう。

言いたいことはほかにも山ほどあるが、もう誌面も少ない。末尾にて恐縮だが、本書にご協力いただいた皆様、製作にかかわってくださった皆様に心から感謝をお伝えしておきたい。

平成29年2月

堂上　昌幸　拝

堂上昌幸 プロフィール 1960年山口県下関市出身(本名・藤井克行)。福岡大学を卒業後、上京してテレビ雑誌の記者となる。その後、元祖・婚活企業のアルトマンジャパンの会員誌編集部に移籍。編集部が婚礼雑誌をメイン事業として独立し(株)AJ出版となり、副編集長に就任。1995年、大手婚礼エージェント(株)東京プロデュース婚礼センターに移籍。婚礼雑誌の編集長に就任。退社してフリーランスの婚礼ジャーナリストとなり「週刊ホテルレストラン」((株)オータパブリケイションズ)のニュース記事をはじめとする雑誌・WEBメディアの執筆のかたわら、婚礼ビジネスの集客・商品開発戦略の企業アドバイザーも務める。本書発行時点では「ザ・プロフェッショナルウエディング」((株)ウエディングジョブ)、「月刊レジャー産業資料」(綜合ユニコム(株))、「BIAコミュニケーション」(日本ブライダル文化振興協会/(株)明-美)などの取材・執筆のほか、すぐお隣のホスピタリティー産業ということで医療・介護分野の取材にも注力している。☆ホームページ http://orikon-doujyo.com

シン・ウエディングプランナートイウシゴト
新・ウエディングプランナーという仕事

著者　堂上昌幸(どうじょう・まさゆき)
第1刷発行　2017年3月13日
第2刷発行　2018年9月28日

本文レイアウト　㈱明-美
表紙デザイン　Katsumi　Sugihara
取材協力　㈱オータパブリケイションズ

撮影　Yukio Henmi
撮影協力　ルーデンス立川

発行所　㈱オータパブリケイションズ
〒104-0061 東京都中央区銀座 4-10-16 シグマ銀座ファーストビル3F
TEL03-6226-2380　FAX03-6226-2381
info@ohtapub.co.jp　http://www.hoteresonline.com/

印刷・製本　富士美術印刷㈱

ISBN 978-4-903721-65-1　C2034
定価はカバーに表示してあります。